新 体感する社会学

はじめに

いまから社会学というものを学ぼうとしています。大学の講義のはじめに、なぜ社会学を受講するのかレポートに書いてもらったところ、ある学生からつぎのような間違った解答が返ってきました。「社会学を学んだことがなかったため、調べたところ、『人間や集団の諸関係、とくに社会の構造・機能などを研究対象とする社会科学の一分野』と書いてあり、私に必要な学問だと思いこの授業をとりました」。

もちろん、説明としては間違ってはいませんが、もし本書を手にとったみなさんがこのような小むずかしいものを社会学に期待しているならば、すぐに本書を燃やすことをお勧めします（あっ、いまは環境問題で騒がれますのでブックオフまたは友達に売るか、書店で本書を手にとった場合は静かに本棚に戻してください）。ただし、こういう考えをもっている人は本書が対象としているよい〝カモ〟ですので、どうぞ安心してください。

少し表現がまずかったので言い直します。本書が対象としているのは、「学問って少しアカデミックで取っつきにくく、わたしたちの日常生活とはかけ離れたことを研究しているんだわ」と思っている人たちです。そういう人たちに、じつは学問と日常生活がけっして離れておらず、むしろその境界はあいまいで両者はきわめて密接していることを実感してもらうことを目論んでいます。

この書のタイトルには、「体感する社会学」とありますが、通常じかに接する講義（現場）と異なり、書物のみで話を進めていくことには限界があります。しかし、あえて堂々と「体感する社会学」と銘打ったのは、じつは書物だけでも十二分に社会学の講義を実感できることを念頭においているからです。というのも毎年、大学のシラバス（講義計画）を読んだだけで多くの学生がわたしの講義を受講します。平均して300人、多い時で700人もの学生がひとつの教室に集まります。先ほどと同じように、ある学生の受講理由をあげてみましょう。

「大学に入学し、社会学を学ぶにあたり、さまざまな先輩から、大学の講義は先生の自己満足であると聞いていました。しかし、シラバスを読んでいて、金菱先生の社会学のテーマ、講義内容、講義計画のどれを見ても、自分もきちんと講義に参加していると実感することができるところに、まず魅力を感じました」。

これは奇妙な話です。まだ実際に受講していないにもかかわらず、シラバスを見た

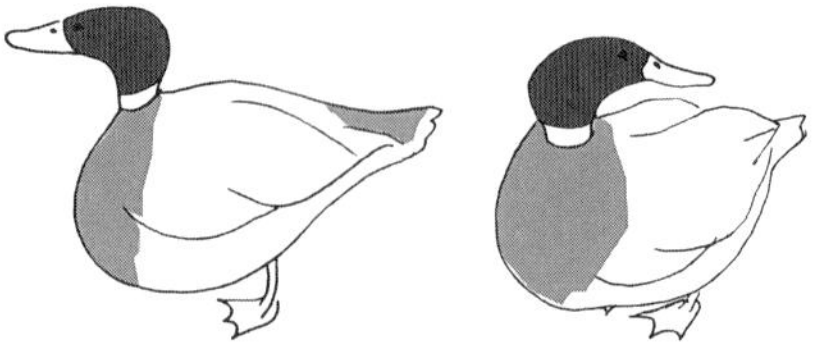

だけでなぜか学生は社会学の講義を疑似体験しているのです。シラバスは世に公開することで少しかしこまって表現していますが、基本的には本書の目次を見ていただけるとわかるように、トピックとしてみなさんが気になったり、引っかかったりすることが散りばめられています。

講義テーマは「意外性の社会学を体感すること」で、本書のタイトルと変わりません。内容はクイズ形式で、「人の心を読む心理学」より「人びとの心を読みとる社会学」が意外に面白いことを知ってもらう、というようなことを書いています。

というわけで、大学教員のわたしという生の人間を登場させなくても、この書を読んでみなさん一人ひとりが講義に参加できるように、できる限り工夫しました。クイズ形式もそのひとつです。正解も書きましたが、なるべく、みなさん自らが答えを探し出してください。

さて、大学に入ったみなさんは、高校までに習った知識や考え方をもっています。それを今まで疑ったことはあるでしょうか。いつから「世の中ってこんなもんだろう」と思い始めたのでしょうか。おそらく中学校までは新鮮で刺激的な毎日がみなさんを待ち受けていたはずです。それがいつしかルーティン化し始めると、あらゆることにおいてこの程度かと世の中をなめてしまいがちです。死すらも怖くなくなってしまいます。そうなると、受験や定期試験を通じて新しい知識や考え方を身につけるこ

とはありますが、それが小学校で習ったような未知のものにふれる「ワクワク」する楽しい経験、あるいは「ワナワナ」する怖い経験ではなくなっています。つまり、ものを考えなくてよい習慣が身についてしまいます。

このテキストでは、「世の中ってこんなもんだろう」と思っているみなさん一人ひとりの、ごくふつうの日常を〝溶かす〟ねらいをもっています。したがって、この書にはふつうの教科書に出てくる欧米人の偉い学者さんの解説も一切ついていません。しかし、みなさんの関心に従って進めていくために、ある種危ない橋を渡ります。そこはみなさん一人ひとりとのガチンコ勝負です。

「人は生き、人は死ぬ」。こうした人間観をわたしたちは一見すると当たり前のように受けとめています。しかし、自分自身のことを少し考えてみると、じつは誰も一番よく知っているはずの〈わたし〉のことを完全にはわかっていません。つまり、自分の死を体感し経験することはできないのです。そればかりか、自分の誕生の瞬間すら誰も知りません。わたしの誕生日が何年何月何日何時何分であることは、あとでわかります。いまでは、ホームビデオで誕生の瞬間を撮影することができるようになりました。

では、そのときわたしはどのような感情や意識をもってこの世に生まれてきたのでしょうか？　いろいろ映像から想像することはできますが、それがほんとうにその時の感情であるのか確証は得られません。また、たとえわたしの死の瞬間

を撮影したとしても、映像に残った自分を見ることはもはやありません。死んだ後、何十年、何百年、いや何億年、何百光年わたしの意識は存在しません。

「自分はこの世からいなくなる」のに、なぜわたしたちは平然と暮らしを成り立たせることができるのでしょうか。考えてみれば不思議なことです。ある人いわく、わたしたち人間は確実に死が訪れるとわかっていてもできるだけ死を遠ざけたいと願っていて、どこかでごまかしを行い、死を遠ざけるために「文化」という仕掛け（装置）を社会につくった、とのことです。なるほど、避けがたい死を日常として飼い慣らすために遊びという文化を発明した、そのように考えるとふだんはなめらかな世の中が急にパタッとひっくり返り、オモテとは違うウラの意外な表情を見せてくれます。ふつうのことがむしろ特別にさえ思えてきます。日常生活に寄り添いながらも、そこに潜《ひそ》む非日常に焦点を当てることで、わたしたちの世界の本性を知りたくはありませんか？

本書の初版の刊行後、まもなく東日本大震災が起こりました。巨大地震をはじめ、大津波、原発事故という想像を絶する事態が生じました。とくにこの震災に遭遇した地域では、多くの人たちが本書の想定していたような日常が突然ひっくり返る現実を目の当たりにしました。そして同じことが日本中いつどこで起きてもおかしくない日常を、私たちは生きているのです。

さあ、さっそくみなさんと一緒に、いろいろなことを体感してみたいと思います。

装幀・装画 佐藤瑠依
図版デザイン 谷崎スタジオ

第1回

脱常識
社会学って何？

常識をくつがえす
算数の苦手な人へのテスト
一般常識のありすぎる学生！
サルになる

社会学のイメージ

これから社会学の講義を始めるわけですが、はじめて社会学を学ぶみなさんに「社会学」のイメージを聞いてみたいと思います。社会学と聞いてどのようなイメージをもつでしょうか？　あるいは小学生や中学生に「社会学って何？」と聞かれて、みなさんはどのように答えるでしょうか？

まず手始めに下の空欄を埋めてみてください。よくみなさんが言うような「わからない」という答えはなしですよ。

ちなみにこれまでの講義で学生に聞くと、「社会のことを勉強する」や「政治のことを学ぶ」といった素朴な答えが返ってきました。わからないと頭を抱えている人へ、社会学は高校までに習ってきた科目の中で何に一番近いでしょうか？　と尋ねた

社会学とは［　　　　　　　　］である

ところ、「社会科」、「政治」、「政経」、「公民」といった答えが返ってきました。

　つぎに、みなさんはよく「あの人（あれ）はね～」と好き嫌いを言いますが、総称して「社会科」とイメージするこの社会学について、好きか嫌いかと問われたらどのように答えるでしょうか？　わたしの今までの講義経験でいうと、たいへん好きと答える人はパラパラといて、総じて好きだという解答でした。嫌いな人、虫唾が走るほど嫌いだという人はきわめて少ない。

　じゃあ、逆に今度は社会学の科目を履修しようとする人は、算数や数学は好きでしょうか？　この問いに対しては、前者の逆で、好きだ、大好きだという人は少ない。それに対して嫌いだ、虫唾が走るほど嫌いだという人が過半数を占める勢いでした。いまこの文章を読んでいる人も、きっと「そうだそうだ」と強くうなずいていることでしょう。だから文科系の学部・学科に来たという人もいるでしょう。

　とりあえず社会科は覚えればいい、つまり暗記がひとつの勝負になります。それに対して、考えて解く、物事を論理立てて解くような積み重ね型の算数・数学に苦手意識をもつのはよく理解できます。社会学を専攻しようという学生には、おしなべていうと社会好きの、算数嫌いの傾向が如実に表れてきます。そこでいきなりですが、算数の苦手なみなさんにつぎのテストを解いてもらいたいと思います。

数学よさようなら

算数の苦手な人へのテスト

【問題1・1】ここに縦2センチ・横2センチの正方形があります。この正方形をはみ出さず、できるだけ正確な円を書いてください。ただし、コンパスを使わず、フリーハンドで書くこと。

【解答1・1】できましたか？　何人かの学生に書いてもらったのが次ページの解答です。どうでしょうか？　近い解答はあったでしょうか？

さて、何でも王者決定戦です。どの円が一番うまく書けているでしょうか？　どうでしょう？　Aぐらいでしょうか？　いや、もっとうまく書けるという人はいるでしょうか？　じつはもっとうまく書ける人がいます。ヒントです。大学生であるみなさんよりも、小学校3年生のほうがうまく書けます。もうわかったでしょうか？（実際に授業を受ける人は先に正解を探して見ないこと、と言っても見てはいけないと言われれば見るのが「鶴の恩返し」以来の人間の心というものですね。正解は第2回の最後、33ページにあります。）

どうでしょうか？　正解を見た人は、「なんだよ」と思って悔しい思いをしたかもしれません。はっと思わず声が出たかもしれません。力が抜けて何もする気がおきなくなったかもしれませんね。でも、これ以上うまい円はほかにないでしょう。ダチョウ倶楽部の上島竜兵なら、「そんなん聞いてないぞぉ～！」とかぶっていた帽子を床に投げつけるかもしれません。でもなぜ大学生であるあなたよりも、学力ではるかに劣るはずの小学生のほうがうまく書けるのか、むりやりわかってもらえたと思います。しかし、なぜこのようなことが生じるのでしょうか?

じつは引っかけたのです。正確にいうとあるシチュエーションをつくったのです。

社会学に期待されること

このテストは、はじめから「算数」の問題だと思い込んでいる人にはわからない仕掛けになっています。正解を聞いてはじめて「なんだ、そんなことか」と苦笑してしまいます。こんな問題わかっていたと思うかもしれません。だけどそれはコロンブスの卵です。じつはわたしたちはつねにその**状況**（シチュエーション）や**文脈**（話のつながり、続き具合）に**〝ふさわしい〟行動を無意識のうちに選択している**わけですね。このように図が先にあって、算数が得意ですか嫌いですかと問われる。しかもごていねいにコンパスを使わずフリーハンドで書くこと、という最後の誘い文句までついています。

この問題はお遊びではなく、「おお真面目」にやっているのです。これは社会学を学ぶうえで基礎中の基礎といってもいいぐらいの重要な問題です。ちょっと社会学をかじったことがある人ならば、はじめにデュルケームとかウェーバーなどの欧米人の名前を期待するかもしれません。しかしこの本にはほとんど有名人は出てきません。

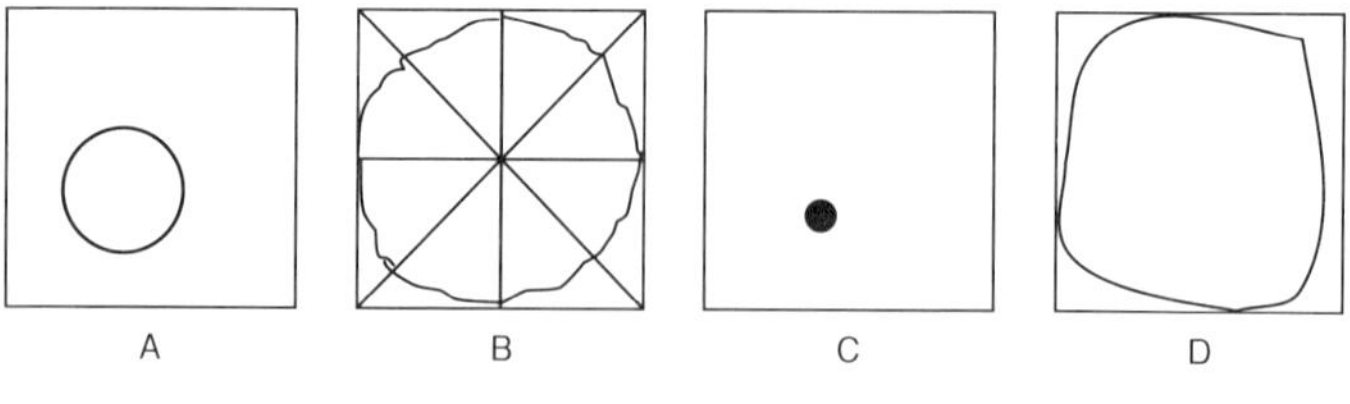

A　B　C　D

あるいはそういった頭でっかちな知識はここでは必要ないと言っていいかもしれません。これからこの書で行う講義はこのテストの延長線上にあると言っても過言ではありません。悔しいと思った人、あるいは冷ややかに思った人は、その気持ちそのものを大切にしておいてください。

問題の文章の流れからいくと、条件反射的に先のような図の円を書くことは「当たり前」なのです。わたしたちの「常識」となっているわけです。それをあえて意識化してもらいました。社会を読みとる鍵のひとつはこの**「常識」**あるいは**「当たり前」**と思っているわたしたちの感覚そのものなのです。これがひとつめのポイントです。

テラスハウス

つづいても常識に関する話題です。みなさんは「テラスハウス」という深夜番組をご存じですか？　いちおう説明しますと、見知らぬ若い男女6人が「シェアハウス」と呼ばれる海辺の一軒家で、共同生活を始めます。共同生活は原則3ヵ月前後の期間限定で、それ以外のルールは特にありません。自分の夢に向かって家を退去するケースもあります。カメラを通して彼女ら彼らの考え方や生活がリアルに伝わり、恋愛や夢を語りあうなかで臨場感が増していきます。共同生活で男女の距離が密着して「恋愛」に発展することもあります。緊張感のなか、主人公の告白シーンが番組の見せ場となります。

シェアハウスで恋愛に発展？

そこでつぎの問題を解いていきましょう。

【問題1・2】 A君は毎朝満員電車で通学している17歳の男子高校生です。Bさんも電車通学をしている20歳の美人女子大生です。図のように毎朝A君が座る目の前にいつも必ずBさんが立っていました。しかも、自分が座る席は毎朝違います。A君はどうしたでしょう?

【解答1・2】 そうなんです！　じつはみなさんの予想どおり、Bさんが毎日A君の前に立つので、A君はBさんが自分に気があるのだと思いました。そこで思いきってBさんに告白しました。ごくごく自然の流れです。ところが、意外なことにBさんは怒ってしまいました。なぜでしょうか?　ただし、A君もBさんもまったく知らない者同士です。わかったでしょうか?（正解は33ページ）

はい、これも小学校3年生が解ける問題です。**常識（無意識の思い込み）＝男と女の関係**からいけば、Bさんは当然A君の告白を受け入れると考えられます。しかし、実際にはそうではなく、怒り出しました。予想とは違う状況が生じているのです。

18～19歳＝一般常識のない学生?

わたしが社会学の講義を引きうけるときに、ある学校の教務の先生から、まだまだ

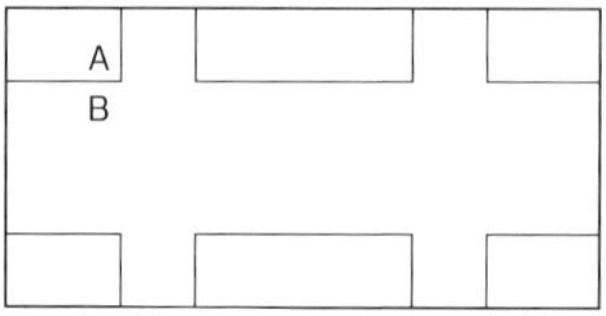

ある日の電車

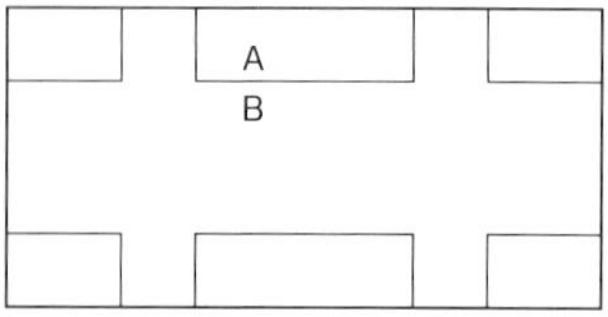

翌　日

18〜19歳の学生は常識が身についていないので、社会の一般常識を身につけるような講義をお願いしますと頼まれたことがありました。もちろんその時は、「はいそうですか、わかりました」と答えたのですが……。さまざまな社会的な事件から、確かに自校の学生に対してそういう心配をする気持ちはわからなくもありません。つまり、その先生はみなさんを**18〜19歳の学生＝一般常識のない**（身についていない）**学生**だと考えているわけです。したがって、わたしは**社会の常識を身につけさせる**ことを役目として、この社会学の講義を頼まれたことになります。

しかし、みなさんはある状況（シチュエーション）に応じてちゃんとした正しい行動を予想できました。テストが算数の問題だと思ってその文脈に応じて、つぎに、男女の関係を踏まえた考え方によって問題に答えることができました。みなさんは、すでに十分な社会の常識を身につけていることになります。つまり、これで社会学はみなさんの身につきましたので、残りの講義でやることがなくなりました。すごいですね。講義はこれで終了！　わたしもたいへん楽ができました。めでたしめでたし。

18〜19歳＝一般常識のある（ありすぎる）学生！

ただし、残念なお知らせがあります。ここで講義を終えることはできません。なぜなら、いままで2つの問題を通して見てきたように、常識とは異なる答え方があるからです。つまり一般的な考え方とは違う正解がそこにありました。それが**脱常識**で

社会学は休講？

す。ここからが社会学らしくなってくるわけです。

教務の先生の問いかけはじつは逆なのです。**18～19歳の学生は一般常識の十分ある（ありすぎる）学生**なのです。したがって、**社会の常識を身につけさせる**のではなくて、**社会の常識とは違う見方**があることに、社会学は注意のポイントをおくのです。

わたしたちは、これまでにいろいろな情報をインプットしています。みなさんが高校までに学んできたこと、社会のなかで常識とされていることなどです。何か新しいものに出会うと、わたしたちはどうしてもインプットされた過去の情報に当てはめてしまいがちです。これをいったんゼロにする作業が必要です。コンピュータ用語でいうと「初期化」（フォーマット）です。**社会学の第一段階は、脳の初期化を行うこと**にあります。あるいは、ある「**通念**（常識）」に逆らったり、当たり前の考えを「戸惑わせ」たりするような発見をすることにあります。

社会学によって、日常生活の「当たり前」とは異なるものの見方ができるようになるにはどうすればよいのでしょう。端的にいうと、知識を得るのではなくて、もっと**アホになる**ことです。よく本屋さんには「サルでもわかる数学」だとか、「サルでもわかる経済学」などという本が売られていますが、社会学を学ぶとは極端なことをいえば**「サル」になる**ことです。

サルから見た人間の世界ほど奇妙なものはないでしょう。そうか、アホでいいのかと思うと少しほっとして、楽になったのではないでしょうか。それなら自分でも取り

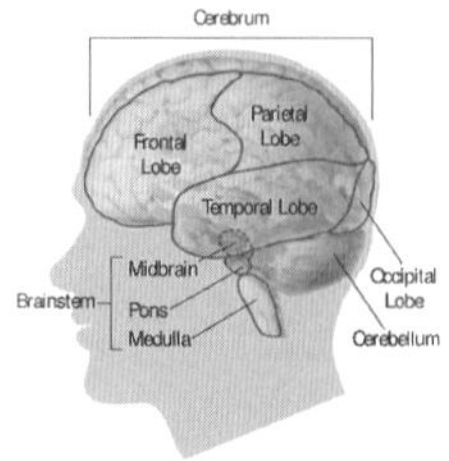

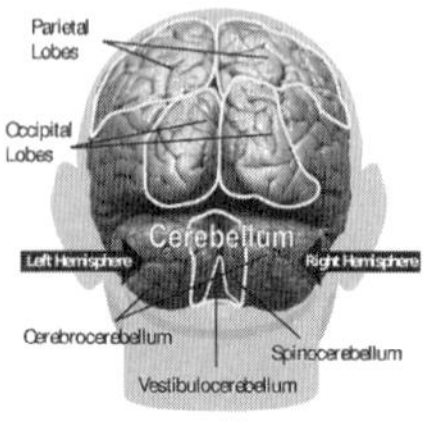

組めると思えるのではないでしょうか？

サルになる

それでは実際に「サル」になってもらいましょう。ここにバナナと千円札があります。あなたならどっちをとりますか？ 当然千円札ですよね。それはなぜでしょう？ もし千円ならば、スーパーに行ってバナナを1本50円として、全部で20本買えることをあなたは知っています。つまり損得で考えるならば、千円のほうが得です。だから、千円札のほうを選ぶでしょう。

では、もしあなたが人間ではなくサルだったら、どちらをとりますか？ 当然バナナですよね。この違いはいったいなぜでしょう。人間「様」はなぜこんな紙切れを信じているのでしょう。千円札は原価にして10数円しかかかっていません。このような紙切れを千円として使っているあなたって、いったい何者でしょう。こんなことはふだん気にもしていません。お札を偽造すると通貨偽造罪で無期又は3年以上の懲役刑に処せられます。かなり重たい罪になります。たかだか印刷機でコピーしただけなのに、どうしてこんなにも重い罰を科しているのでしょうか。

ビートたけしは、「国家がお金を偽造しているんだよな」と発言したことがあります。これは的を射ています。国家の信用力がなくなると、お札がお札でなくなり、何か途方もなく価値があると思い込まされていたものが、単なる紙切れになってしまう

からです。言い換えれば、国家がお札を紙切れではないと示すためにその値打ちを保証しているのです。これはタヌキが人を化かし、小判がじつは落ち葉だったという昔話にも似ています。人間の信じるという行為はすごく利口に見えるときもあるし、馬鹿に見えてくることもあります。

こんな当たり前のことを不思議がっていると友達から、あなたおかしいんじゃないのと言われてしまうでしょう。このように、誰も気にしないようなことをあえて考えてみるへんな学問が社会学なのですね。子どもっぽい学問です。しかし、国が紙切れをお金として保証しているように、社会学は当たり前に考えていることに疑問を差しはさんで不思議に思うことを、約束事として保証します。社会学は日常生活を不思議に思うあなたにとって天国であり、聖地です。

ねぇねぇ、人間だけがなぜ自殺するのでしょう？ ねぇねぇ、人間はなぜ結婚するのでしょう？ ねぇねぇ、なぜあなたは学校に行っているのでしょう？ ねぇねぇ、なぜ女は化粧をするのでしょう？ このようなことを家でおかあさんや弟に聞くと、「あんた、そんなつまらないこと言ってないで、しっかり勉強しなさい」と諭されるでしょう。あるいは「熱あるんか？」と本気で心配されるかもしれません。

このように、日常生活で当たり前だと思っていることや当たり前すぎて見すごしてしまっていることをあえて問いかけ、それに自分で答えを見つけていこうとするのが社会学という営みになります。次回以降も社会を体感していきましょう。

第2回

性

男と女の解剖学

ブラックジャックとアマノジャック
医学と社会学の違い
摂食障害の謎
セックスとジェンダーどっちが先？
性は自然か？

ブラックジャック

みなさんは『ブラックジャック』のアニメを見たことはありますか？　原作はだいぶ前に亡くなった大漫画家手塚治虫さんが書いた医療もののマンガです。最近ではこれをリメイクして映画やテレビでも放映されているので、見た人も多いのではないかと思います。今回はそのなかでも「カルテⅣ　○○、ふたりの黒い医者」というアニメをとりあげます。○○の中身が今回テーマとして取り扱う病です。

主人公の女優ミシェールは初の映画出演を果たしますが、完成を間近に控え、原因不明の病気になってしまいます。彼女の治療を依頼されたもぐりの医者ブラックジャックの前に、安楽死を請け負うキリコが姿を現します。

○○には「拒食」という言葉が入ります。えっ、わたしも小さいときににんじんが嫌いだった。ぼくもピーマンが嫌いだったと、いま思った人、ここで扱う拒食はそういう意味ではありません。人間の生命活動の根幹に関わる食そのものを拒んでいく病です。はじめブラックジャックはクランケ（患者）の状態を診るためにさまざまな検査をしていきます。しかもそこには彼（医者）なりの見込みがあります。以下はブラックジャックの診断です。

『消化器系に腫瘍《しゅよう》の兆候は皆無、内分泌器官の障害も認められない。下垂体、副《ふく》腎《じん》皮質系の機能がやや低下はしているが、これが直接痩《や》せに関係しているとは考えられない』

『薬物によって食欲不振が起こることはよくあるが、薬物経験等による痕跡は何も検出されていない。血液反応もすべて陰性』

『……とすると、大脳辺縁系の食欲中枢そのものの異常か？　いや、ＣＴによる脳の断層映像および脳波にも異常は発見できない……』

というように、拒食による痩せの原因を脳にある大脳辺縁系の食欲中枢に求めていきます。ここからはマンガつまりフィクションらしく、化学兵器工場の細菌兵器（エキノコックスの変異種）が脳の神経組織に「擬態」をして寄生したというからくりになっています。そして、「そいつを発見、摘出すればすべては解決する」と、名医ブラ

ブラックジャックDVD BOX
宝島社　2012

ックジャックが宣言して手術を行い、ミシェールは見事に完治して女優として映画が完成するというハッピーエンドの物語になっています。

医学と社会学の違い

ここで重要なこと、それは医学の世界では、からだのどこかに異常があって、その病原を根絶するために薬の投与、場合によっては病原を除去するために手術を行います。つまり簡単にいうと、医学は頭とからだを解剖することになります。それに対して、社会学は第1回で考えてきたように、〝脳の初期化〟を行っていきます。つまり、医学との違いは、頭の中にある〝イメージ〟の解剖をすることにあります。

いま、この「摂食障害」(拒食症を含む)が確実に増えているといわれています。ではここで問題です。

【問題2・1】摂食障害にかかっている人のうち、男女の割合はどのぐらいだと思いますか?

【解答2・1】有名人では、ダイアナ元イギリス皇太子妃やポップスデュオ、カーペンターズの妹のカレンなどがそうだったといわれています。もちろんブラックジャックの拒食症患者も女性でした。じつは圧倒的に「女性」に多い病気なのです。ではなぜ女性なのでしょう? もし生物学的に寄生虫なり食欲中枢に病原や病因があっ

ダイアナ妃評伝
Paul Burrell
A ROYAL DUTY
Penguin 2004

て、それがこの病気を引き起こしているのならば、男性や女性にも平等に起こるはずです。しかし、この病気がおもに女性にだけ起こるってへんですよね？　摂食障害は医学的処置だけでは治りにくい病気だといわれています。これは医学的・生物学的な問題ではなく、「男」と「女」、家族という目に見えない社会関係、つまり「コミュニケーションの病」という社会学的な問題なのです。

えっ、そんなことを言っても、男か女かははじめから生物学的に決まっているんじゃないですか？という反論が返ってきそうです。しかし、正解は「Ｎｏ」です。もし生物学的に決まっているとしたら、なぜわたしたちは小さい頃からあなたは女なんだから「女らしく」しなさいと両親に言われるのでしょうか？　へんですよね。もしもう決まっているのなら、そんなことを言われなくても自然に男と女に育っていくはずですよね。それは言葉でモデルを示さないと、男や女になっていかないからです。

今回の講義では、「男」と「女」という誰もが信じて疑わなかった「性」に社会学的なメスを入れて、摂食障害をとらえる見方を提供できればと考えています。

男と女／男らしさと女らしさ

あなたは男ですか・女ですか？　唐突な質問かもしれませんが、ふだんこういう質問をされることはまずありません。第一「見た目でわかるじゃないですか⁉」という反論が返ってくるかもしれません。でもこれに真剣に答えようとするとなかなかむず

浅野千恵
『女はなぜやせようとするのか
摂食障害とジェンダー』
勁草書房　1996

かしい。そこでみなさんに下の空欄を埋める作業をしてほしいと思います。

【問題2・2】小学生や中学生に「ねぇねぇ、男ってなんですか?」「女らしさってなんですか?」って聞かれたことを想定して、一度その定義を考えてみてください。どういう条件がそろえば、それが男(女)だといえるのか? あるいは男らしさ(女らしさ)を考えて埋めてください。男(女)の職業・外見(容姿)・色・性格などを考えると比較的わかりやすいと思います(解答例は次ページ)。

死んだはずが……

埋め終わったら、解答を見る前につぎの有名なクイズを考えてみましょう。

【問題2・3】ある父親が息子を車に乗せて運転中、交通事故に遭いました。父親は即死、子どもは重傷を負って病院に運ばれました。緊急手術を行うことになり、準備を整えた外科医が手術室に入ってきました。しかし担当の外科医は、手術台に寝かされた子どもを見て言いました。「この子はわたしの息子だ。わたしの手で、息子にメスを入れるなんてできない」。外科医はその手術からおり、他の医師がその手術を担当することになりました。即死した父親もこの外科医も、その子どもの実の親という。さてどういうことでしょうか?

【解答2・3】わかりましたか? わからない人は頭が混乱すると思います。外科

男(らしさ)	女(らしさ)

医＝男性の職業と思っていた人は、死んだ父親がなぜ病院にいるのだろう、亡霊が出てきたとしか思えないかもしれません。つまり、ここでのミソは、当たり前のように外科医を男性と思っている人の先入観にあるのです（正解は33ページ）。

セックス（生物学的・医学的性別）＝両脚のあいだ

【解答2・2】 さて、さきほどの問題2・2に戻って考えていきましょう。

小学生に男／女の定義を聞かれて、みなさんはどのように答えたでしょうか？ある学生はつぎのように答えています。「男は力強い／女はかよわい」。「男は坊主である／女はロングヘアーである」。この解答はどうでしょうか？　何かへんですよね。軟弱な男性もいれば、女子プロレスラーのようにたくましい女性もいます。髪が長いロックシンガーもいますし、短髪の女子サッカー選手もいます。ですので、男（女）の定義というよりは、男らしさ（女らしさ）というイメージに近いわけです。

ではつぎです。「男はヒゲがある／女はヒゲがない」。「男は筋肉質である／女は丸みを帯びている」。これはどうでしょうか？　たしかに女にヒゲがあるとおかしいし、男が太っているわけでもなく、からだに丸みを帯びているとへんですよね。だから、男（女）の定義に当てはまっているように思えます。ただ、小学生の男の子にヒゲが生えていたり、筋肉質はおかしいので、保健体育で習うような「第二次性徴」以後の明確な男女の変化だといえます。この種の違いについては、男性は睾丸、精通、

男らしさ	女らしさ
青・黒・茶 パイロット 短髪 外で働く ⋮	赤・黄・ピンク 看護師・スチュワーデス 長髪・化粧 家で家事育児 ⋮

声変わりがあり、女性は子宮、月経があり、脂肪が胸や尻につき、乳房がふくらみ骨盤が発達していきます。

以上のような違いのほかに何があるでしょうか？　えっ、これだけでしょうか？　もっと明確な違いがあるのを忘れてはいませんか。おぎゃっと生まれると、産婦人科の先生が両親に男の子か女の子かを告げます。なぜでしょう。もうおわかりのとおり、おちんちんが生えているかどうかで、その人が男か女かを外見上判別することができます。医学用語では、ペニスです。

遺伝学上男女の違いは、染色体の違いによって生じます。23対46本ある染色体のうち性の決定に関わる性染色体は、男ではＸＹ型で、女がＸＸ型です。以上の男女の違いを学問的には「セックス」と呼んでいます。セックスとは、いわゆる性交渉のことではなく、「生物学的・医学的性別」をさします。これでわかりにくい人は、「両脚のあいだ」の違いとしておいてもらえば、とりあえずＯＫです。

ジェンダー（文化的・社会的性別）＝両耳のあいだ

【問題2・4】さらに、男らしさ、女らしさの違いについて考えてみましょう。これについてはすでに出ましたね。それ以外ではどうでしょうか？

【解答2・4】あるグループがまとめた違いを列挙してみましょう。

男らしさとは、青、たくましい、力がある、かっこいい、ズボン、がっつり食べる、外で仕事をする、大工、医者……

女らしさとは、ピンク、料理ができる、かわいい、おしとやか、スカート、家で家事・育児（主婦）、看護師、キャビンアテンダント（ステュワーデス）……

みなさんの抱く男（女）らしさのイメージと合っていますか？　これらの違いを先ほどのセックスと対比して、**「ジェンダー」**といいます。どこかで聞いたことがあるかもしれません。ジェンダーとは**「文化的・社会的性別」**のことをいいます。これでわかりにくい人は、先ほどの「両脚のあいだ」に対して、「両耳のあいだ」とすればわかりやすいと思います。要するに、頭の中のイメージの違いということになり、よくよく考えてみると、どこにその根拠があるのか定かではありませんが、そのように思ったり、感じたりしていることになります。

以上のようなセックス・ジェンダーという枠組みをわたしたちは「当たり前」として身につけていて、そのようにふるまっています。その上に立っての問題です。

【問題2・5】セックスとジェンダーの枠組みは、どちらが先で、どちらが後にくるでしょうか。そしてその理由は何でしょうか。これを考えてみましょう。

【解答2・5】たいていの人の解答は、セックスが先で後からジェンダーが決まるというものでした。その理由として、「セックスは生まれた時にすでに決まっている

のに対して、ジェンダーは成長して周囲から性別という役割を与えられて決まってくるから」という解答が多いようでした。みなさんはどうでしたか？　このままだと保健体育の焼き直しにしかなりません。厳密にはどちらが先ともいえないのです。

じつはいまから「セックス→ジェンダー」図式をぶち壊す作業を行います。そうでないと、第1回でやってきたような常識的見方をうち破れないばかりか、摂食障害は女の子だからという理由で治らないことになり、わたしたちはそこで立ち往生してしまいます。社会学は**常識をくつがえす**（むずかしくいうと「知的再構築」）のですが、それだけにとどまらず、現実の問題に対して既成の考え方の限界を示して**オルタナティブ（代替案）**を示すという実践も含まれます。

まず、セックスからジェンダーが生まれるという考え方を「**生物学的決定論**」と呼んでみましょう。生物学的決定論は、男と女という概念（カテゴリー）を生まれながらにもった生物学上の特徴ととらえます。そしてそれを本能や自然の摂理、絶対的、常識という言葉で囲い込んでいきます。これらの囲い込みは、言い換えれば、「それ以上追求して問うことを禁止する」というルールをわたしたちに刷り込ませます。その結果、わたしたちは思考停止に陥ります。あるいは考えなくてもすみます。

社会学ではこうしていったんタブーとなった既成の枠組みを取っぱらうと、いったい何が見えてくるのかを考えていきます。そうすると、ジェンダーがなければセックスが生まれないという、ややラディカルな考え方が浮かび上がってきます。そのこと

どちらが先？

セックス　・　ジェンダー

理由：

を、小倉千加子さんの『セクシュアリティの心理学』というすごくいい本があるので見ていきましょう（同書、第1、2、4、6章）。

ジェンダーから生まれるセックス

最近では遺伝子が男女を決定するなんていうことが当たり前のように言われています。では遺伝子が発見される前には「男」「女」は存在しなかったのですか、と質問するとどうなるでしょう。質問された人は困ってしまいます。これをあまり堅い学問の話にしないために、まずは笑い話から入りましょう。

18世紀の解剖図を見ると、女という身体はありませんでした。女の身体は男の身体をちょうど裏返して描かれていて、女と男を区別する必要性がなかったのです。ペニスの先をもって反対にひっくり返すと子宮でした。女性の生殖器官を表すヴァギナ・子宮・子宮頸部・卵管・クリトリスなどの用語は17世紀になってもまだありませんでした。ではここでクイズです。

【問題2・6】卵巣は女性・男性どっちにあるでしょうか？　○で囲んでください。そうです。考えるまでもなく女性のからだにあります。では卵巣は昔何と呼ばれていたでしょうか？

【解答2・6】わからないですよね。じゃあ、ヒントです。「女性のからだにある○

小倉千加子
『セクシュアリティの心理学』
有斐閣選書　2001

卵巣は男女どちらにある？
男　・　女

○」です。○○に当てはまるものを考えてください。男のからだをちょうど裏返したものと考えたらわかるでしょう。もうわかりましたか？（正解は33ページ）。つまり、昔は男女別々に固有の名称をつける必要がなかったわけです。

【問題2・7】つぎに生理的な現象を考えてみます。月経は女性・男性どちらに起こる生理現象でしょうか？　○で囲んでください。そうです。これもいうまでもなく、女性です。しかし少し待ってください。じつは血を伴う生理は女性だけでなく、男性にも起こる現象でした。昔はそのように考えられていました。さあ、それは何だったでしょう?

月経は男女どちらに起こる生理現象？
男　・　女

【解答2・7】じつは鼻血だったのです。男性が鼻血を出すとそれが月経だったわけです。体内にある余剰物質が溜まってくると、鼻血や痔となって血液として外部に出てくる。これは女性の月経と同じであると考えられていたのです。いまでも、男の子が鼻血を出すと何エロイことを考えているんだと、からかいの対象になります。つまり、性的欲求不満のせいで定期的に「溜まる」と考えられていたのです。

性のパラダイム転換

何をそんなバカなと思うかもしれません。じつは性をとりまく知識や考え方はつねに流動的で変わりやすいのです。有史以来変わらないという考え方のほうがよほどおかしいのです。そうなると、鼻血を生理現象ととらえるのはおかしいと思うのと同じような感覚で、ひょっとすると百年後に、今までわたしたちが当たり前ととらえてきた考え方は、そんなおかしなことを思っていたのかと、未来の人に笑われてしまうかもしれません。このような**性のパラダイム（考え方の枠組み）**が1670年代に劇的に変わり、わたしたちの頭の中（認知）の地図を大きく塗り替えました。

【問題2・8】ここで問題です。植物の分類方法は何を基準にしていると思いますか？　花の形でしょうか？　それとも色でしょうか？

【解答2・8】じつは植物の分類はメシベ・オシベのみを基準にしています。17世紀にリンネという植物学者によって植物の世界が一変します。一変するといっても植物を見るわたしたちの見方が一変するのですが。メシベ・オシベ以外を排除する分類方法をとることで、人間の世界にも植物の分類方法が用いられていきます。

17世紀に顕微鏡の発明によって卵子と精虫が発見されると、この時から、精子と卵子が男性と女性の象徴として台頭することになりました。すると、次々に物の名前が変わっていきました。女性の睾丸は卵巣に。女性の陰嚢《いんのう》は子宮に。女性のペニスはヴァギナに、包皮は陰唇へというふうに……。男と女はどうやら別々の身体をもっているらしいぞということになり、皮膚の下にいろいろなものを見つけていきます。頭蓋

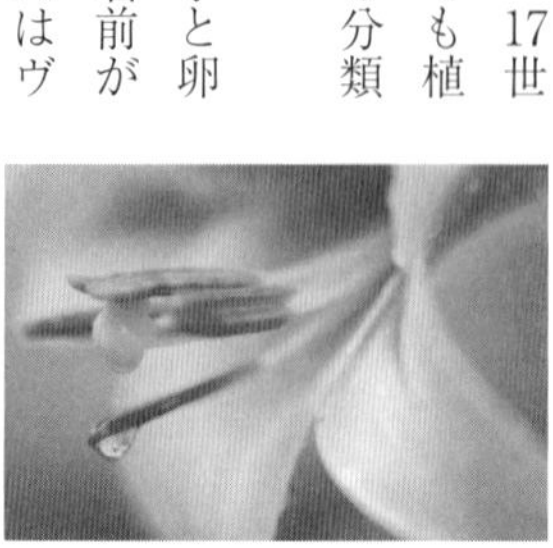

メシベ・オシベ

骨のサイズの違い、筋肉量の違いなどです。卵子と精子が発見されると、卵巣や精巣も「発見」されることになりました。つまり、「男」や「女」と名づけられることによって、このような性差が後から発見されることになります。

その結果、みなさんが男と女の定義のところであげたような違いが、男女の当たり前の違いとして認知され、保健体育の授業で知識として獲得されることになります。しかし、このような違いはきわめて新しい見方で、しかもその区分は変わりうることを、ここで押さえていただければ結構です。この劇的な変化によって、中間項の存在は一切許されなくなり、男でなければ女、女でなければ男というふうに人間を2項に分類していくことになります。

社会や文化がないと性（セックス）は生まれない

セックスがあってはじめてジェンダーが生まれる、と強固に思っている人は多いように思います。では、こういう世界を想像してください。セックスはあるけれどもジェンダーがないという世界を。結論から先にいえば、ジェンダーがない世界ではセックスは存在しにくいのです。セックス自体も変化することは先に述べました。現在、男と女のツーセックス・モデルが当たり前、自然であるとされています。ところが17世紀までの西欧ではワンセックス・モデルでした。女性は「できそこないの男」であり、女性が妊娠するには快感を得て身体のなかで射精することが不可欠と考えられて

ル・グィン　小尾芙佐訳
『闇の左手』
ハヤカワ文庫SF　1978

いました。このようにセックスも1つから2つへ分化すること、すなわち、セックスのジェンダー化が歴史的に起こったといわれています。現在のツーセックス・モデルはたかだか300年ちょっとの歴史しかないので、今後ひょっとするとスリーセックス・モデルやそれ以上のモデルに発展する可能性だって捨てきれません。昔を見てそんな非科学的なことを考えていたのかとバカにするかもしれませんが、200年ぐらい先に現在をふり返った時に、そんなアホなことを考えていたのかと思われるかもしれません。

昔の医者はセックスが先にあって、ジェンダーはその後についてくるという思い込みをもっていたために、性同一性障害の患者に対して、セックスに合わせてジェンダーを変えるよう指導してきました。セックスは男なのに本人は女と思っている患者に対して、ジェンダー（男になること）を強要していったのです。その結果多くの患者を自殺に追い込んでいきました。そうなんです。ジェンダーに従ってセックスを変えるほうが、はるかにリスクは少ないのです。わたしたちはセックスは自然なので、なかなか変わらないと思っています。ですが現実は逆で、ジェンダーのほうがはるかに本人にとって変わりにくい部分なのです。

これで摂食障害の謎も少しずつ解けてきました。「わたしは女の子」と言ったとき、そして「わたしは女の子だからこういうふうにしなければならないのだ」と思い、ふるまう時に、身体がつくられることになります（むずかしくいうと「身体の文

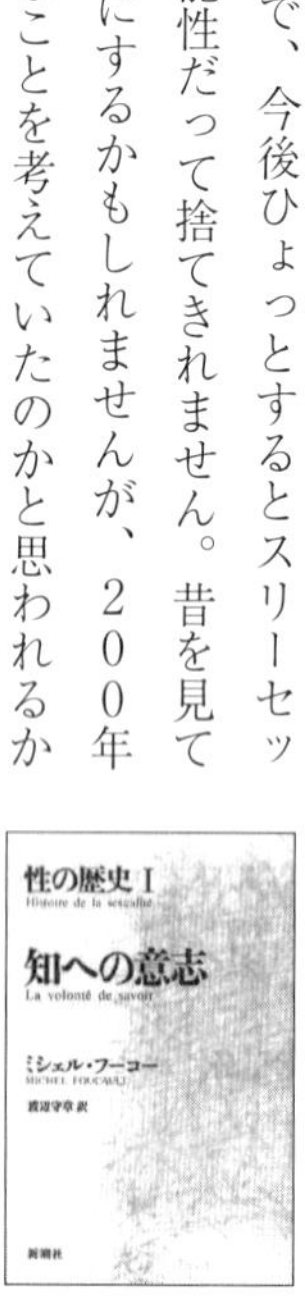

フーコー
『性の歴史』Ⅰ～Ⅲ
新潮社　1986

化的・社会的構築」)。

摂食障害を考える際に、セックスからではなく、ジェンダーという「文化的・社会的構築物」の視点に立つことがもっとも必要となってきます。つまり、摂食障害の裏側には、「女性」が共通して受けるある種の規定が隠されているわけです。それは、「誰かとの関係のなかで自分を確認しなさい」という暗黙の圧力です。

東電OL殺人事件

1997(平成9)年東京・渋谷区の円山町で女性の遺体が発見されました。被害者であるこの女性が世間の注目を集めたのは、彼女が慶応大学卒業後東京電力に就職したエリートでありながら、連日円山町で売春を行っていたことなどが明らかになったからです。小倉さんによるとこの事件は、拒食症を世に知らしめた出来事でした。なぜこんなことになってしまったのでしょうか?

高学歴の女性が有名企業に勤めて寿退職もせず管理職までやり抜いていくためには、現状では「女」をあきらめなければなりません。その一方で「女らしくあれ」というメッセージは家庭や社会のなかにあふれています。男に対して控え目でいることは男を抜き去れというメッセージに逆行します。この2つのジレンマ(葛藤状態)を解消するにはどうしたらいいでしょうか? お母さんのようなからだにならないために、自分が唯一コントロールできるからだ(身体)を支配していく。つまり、食を摂ら

佐野眞一『東電OL殺人事件』
新潮文庫 2003

ないことで体重を過度に減らしていく行動に出たのでした。

女らしさと従順

それでは、いまから女性が共通に受ける社会的な圧力を考えていきましょう。圧力といっても、現代社会は複雑に成り立っていますのであげればきりがないのですが、同じく小倉千加子さんの『セックス神話解体新書』では2つの「女らしさ」としてまとめられています（同書、62～68ページ）。たとえばこんな会話形式で考えていきましょう。

【会話2・1】 ここで質問です。男の子に聞きます。

先生「あなたは和服の似合う女性は好きですか？」

A君「好きです」（少し恥ずかしそうに……）。

先生「どこらへんが？」

A君「清楚な感じがします」

先生「では、和服で富士山に登ることはできるでしょうか？」

A君「できません」

先生「無理ですよね。頑張って裾をめくりあげて登ればできないことはないですが」

和服は奥ゆかしい女らしさを引き出す日本の良き伝統が生んだ服装という考えもありますが、ここでは少し脇において、基本的に「行動の自由を制限されて満足する女性」を男の子は好むことがわかります。したがって、小倉さんは女らしさの第一の条件を「従順」と規定しています。では、なぜ女の子は男の子から従順を求められるのでしょうか？　女性に対する男性の期待について考えるために、つぎの質問を立ててみましょう。

【会話２・２】

先生「いま、みなさんのお母さんが倒れるとどうなるでしょうか？」
A君「困ります。」
先生「どうして困るの？」
A君「えっ⁉」
先生「だって、お父さんが会社でお金を稼いできて、それですむのではないですか？」
A君「でも、お母さんが食事を作ってくれるし、掃除もしているし、寝たきりのおじいちゃんも看てくれるし……」
先生「そうだよね。お母さんは家の中でいろいろな仕事をしているんだよね」
A君「そう、たくさんの仕事をしているんです」
先生「仕事は仕事でも、意味がちょっと違うので、もう少し掘り下げて考えてみま

食事を作ってくれるお母さん

しょう。ふつう仕事というのはお金をもらっているでしょ。たとえば、掃除をして食事をつくってお金をもらう人を何というかな？」
A君「家政婦さん」
先生「つぎに子どもがいて、子どものおむつを替えてくれたり寝かせてくれたり、パジャマの着かたを教えてくれたりする人は誰かな？」
A君「保母さん」
先生「そのとおり。最後に病気のおじいちゃんがいて、その面倒を見てくれる職業の人は？」
A君「看護師さんです」

タダの家政婦さん、保母さん、看護師さん

お母さんは基本的にこうしたさまざまなたいへんな仕事を無償（タダ）でやっています。もちろんお小遣いをもらっている人もいるかもしれませんが、家事を1時間やったらいくらというルールをつくっている家庭は基本的にないと思います。お母さん（主婦）になれるかどうかは、女性が自分の欲求や欲望をどこまで抑圧できるかにかかってきます。この欲望の制御に失敗すると、将来自立する以外食べていく道がなくなりかねません。だから、子どもの頃から親に礼儀作法や言葉遣い、門限を厳しく課せられることになります。

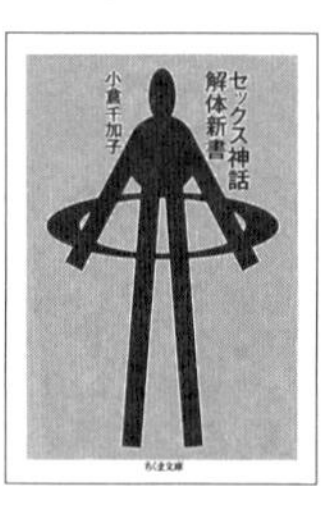

小倉千加子
『セックス神話解体新書』
ちくま文庫　1995

どうしてお兄ちゃんは夕食後テレビを見ているのに、わたし（女の子）だけが皿洗いをしなければならないの？　と不満をもった女性も多いでしょう。じつは、嫌なことをやっているうちに身体が麻痺して「当たり前」になってくることが狙いなのです。好きであればわざわざやらせる必要はありません。このように、従順にさせる意味は、将来、男と結婚させるために、「商品」としてきちんと売りに出すための準備作業なんですね。いまムカっときている人が少なからずいると思いますが、こういう強制がはたらくのは男の子ではなく、女の子であるのが現実です。

女らしさと美

小倉さんによれば、もうひとつの女らしさの条件は、「美しさ」です。なぜ美が必要なのでしょうか？　じつは、女性の役割には「夜の部」があります。ＳＥＸ１回いくらと要求する妻はいません。つまり、妻は無償の娼婦だったのです。娼婦には美が不可欠です。従順と美という相反する二重の役割期待を女性は担っていかなければならないのです。

とりわけ美については、スリムな身体を過度に理想化し、それを実現しようとする価値観に支配されます。一説によると、世界中で売れている**バービー人形**は縦に寝かせて並べると、地球を3周半も回る長さになるそうです。時代によって人形のファッションは変わりますが、一度も変わっていないのは身体のサイズです。胸は大きく強

調され、脚は細長く、ヒップはほとんどなく、ウェストは細すぎる、このようなスタイルの人形を少女はプレゼントされ、理想型と見なすようになります。ある調査によると、男性よりも女性のほうが、医学的に望ましい体重よりも文化的に望ましい体重に自分の理想をおき、その体重をめざす傾向が強いことが報告されています。

若い女の子は明らかに商品扱いされています。たとえば、未婚の若い女性に対して、「売れ残る」「片づく」など商品を扱うような言い方をします。

女らしさを商品化していくわたしたちの感覚を、小倉さんは「果物屋の桃」にたとえています。お客さんがちょっと触れると、とたんに果物屋のおじさんに怒られます。

「お客さん、いまさわりましたね！　桃はいたみが激しい。今はなんともないがすぐにお客さんがさわった指の跡が茶色くなる、もう売り物にならない、キズモノです、買ってもらわないと仕方ないね」。

こうして気の弱い客は買わされる。若い女の子もこれと同じだと小倉さんは言うのです。このように商品化された「女」そのものを嫌って脱ぎ捨てたい。この葛藤が拒食症の本質的な部分ではないかというのです。

性は自然か？

摂食障害をはじめ生物学的・医学的問題として性を考えてみましたが、生物・医学界、そしてそれを取り囲む政治・社会制度には、依然として強固な**性別二元論**が存在しているといえます。性別カテゴリーによって男はこうあるべき、女はこうあるべきという社会のしくみをつくりあげています。たとえば身分証明書には男か女のどちらかの記載しか許されていません。そして、それは自然であるとして人為的であることを覆い隠している可能性があります。つまり、このような男女の二元論は、有史以来変わらないものとして当然なんだ、という感覚が、社会に組み込まれています。

それに対して、男らしさ、女らしさというジェンダーだけでなく、男と女というセックスすら歴史的に構築されてきたことを明らかにすることで、現在の性のありようを当たり前と思ってしまう「現実」を問い直すことが可能になってきました。広い意味での運動を通して、マジョリティではありませんが、2つの性区分の境界で悩むマイノリティの人びとの解放とそれを考える手がかりを探ってきたのです。

まとめ

長々と考えてきましたので、そろそろまとめましょう。円を書く問題の応用編をいきなりやってみましたが、べつにむずかしくないですよね。これしか解答がないと思っていたものがこれもある、あれもあるというように物事を見ていくと、新しい発見

毎日新聞取材班
『境界を生きる　性と生のはざまで』
毎日新聞社　2013

があります。たとえ社会問題という大きな問いを扱う場合でも、基本的な発想法は同じなのです。摂食障害も、生物学的原因や心理学的理由で病が生じる場合もあり、その理論や実証の研究はもちろんあります。

ただし、厚生労働省「国民健康・栄養調査」によると、78〜98年の20年間に15〜19歳の痩せた女性（ＢＭＩ：ボディマス指数＝体重÷身長の２乗が18・５未満）の割合は、13・５％から20・４％に増加しています（04年18・９％に減少）。平均値から見て正常と分類される人のうち、自分を肥満だと思う人も増加傾向にあります。このように、女性の美しさとスリムな身体は必ずしも個人的な問題に還元できないことがわかります。

個人的な説明とは別に、文化的に望ましい価値基準が身体に与えるひとつの社会的な要因、とくにジェンダーについて考えてきました。ボーヴォワールという人はこのことを「人は女に生まれない、女になるのだ」と言っています。

このほかにも**セクシュアリティ**（性的興味）を考えることもできます。性欲も個人的な秘めごとではなく、望ましい基準づくりが社会的につくられていきます。男が女（女が男）を愛することは正常で、男が男（女が女）を愛することは異常という感覚があります。この背後にはかつて異性間の性器の挿入と生殖に結びつくセックスは正しく、同性愛のような生殖に結びつかないセックスは間違っていると社会的に見なされてきた歴史があります。１９７０年代まで同性愛は精神病として治療・矯正され

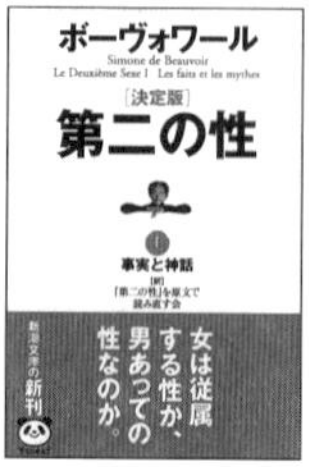

ボーヴォワール
『決定版　第二の性』１，２（上・下）
『第二の性』を原文で読み直す会　訳
新潮文庫　2001

る対象でした。

講義でこのような性の話をすると途端に、エロイことをよく公衆の面前で口にするなぁと言われますが、逆になぜ性は秘めごとなのかを問うことは立派な社会学の対象になります。


【3ページの正解】漢字の「円」を四角のなかに描く、でした！

【6ページの正解】つぎの駅で降りるA君の前に立っていれば、BさんはA君の後に座れるからでした。男か女かは全然関係ありません。

【15ページの正解】この外科医が母親だったのです!!

【20ページの正解】「女性のからだにある睾丸（コウガン）」でした

第3回

悪夢

意図せざる結果

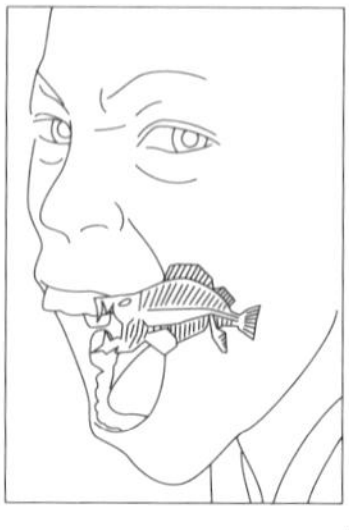

ストーリーを創作する

第2回は社会学の応用編でしたので、今回は社会学の基本的な考え方に戻ってみたいと思います。基本といっても社会学概念の定義とか命題を述べようというわけではありません。第4回以降で社会現象をとらえるさいの基本的な考え方をここで身につけてもらうことを狙っています。

今回はストーリーを創作して（関西風にいえば〝ネタ〟ですね）、オチをつけていこうと思います。ストーリーにははじめから完全な正解があるわけではなく、都合で変えていけばいいわけで、ある種デタラメです。

こういう笑い話があります。「田舎の生活環境が大好きだが、自分は都会に住んでいて仕事で忙しく離れられないので、地方に土地を買うことはできない。そこで（都会にある）自分の土地に田舎の一区画を買い取ってそのまま移した」。ところが「その田舎から見えるはずの富士山を望むことができなかった」。そこでこの話のオチは「今度は富士山をヘリコプターで自分の土地に移そう！」でした。

4コマ漫画や漫才もそうですが、短い話のなかに起承転結をつくり、オチをつけるところに面白さがあります。あるストーリーのなかで**文脈（話の流れ、つながり）**や**当初の意図・目的**がずれていくことを、社会学はたいへん重視します。

風邪を治しに行ったはずなのに

風邪をひいて高熱が出た場合、たとえば病院に行って薬をもらって飲み、風邪が治ります。これはある種当たり前のことなので、社会学の対象にはなりません。しかし、風邪を治したいと思っていた人が、風邪を悪化させることがあります。その理由はたとえば、風邪をひいた人が病院に行ってほかの患者からインフルエンザがうつってしまったために、風邪が悪化するというものです。このように意図したことと逆の結果は、わたしたちの身の周りにたくさん見られます。

わたしたちの世界は、ある原因があって結果が導かれる、**因果関係**の連鎖のプロセスとして成り立っています。風邪薬をもらって飲めば、結果として風邪が快方に向かうはずなのですが、病院にはさまざまな異なる病気をもった人がたくさん集まるという別の要因が絡んでくるために、本人が当初意図したとおりにはならないのです。

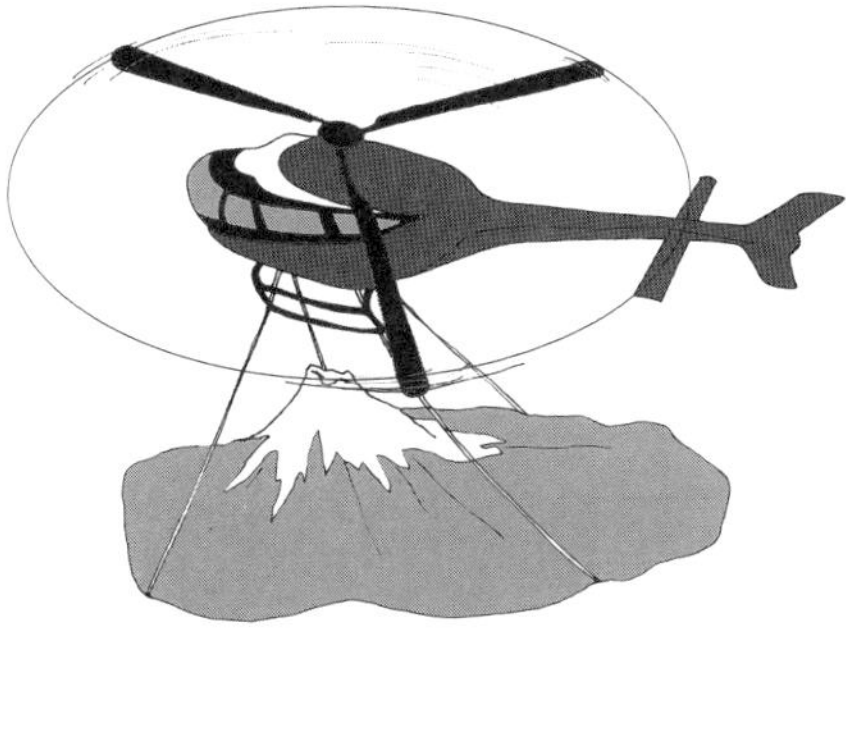

意図せざる結果

【事例3・1】 風邪をひく
← 風邪を治すために病院へ行く（意図）
← インフルエンザ患者に出会う
← うつる
← 風邪が悪化する（意図せざる結果）

あらかじめ予想していなかった不都合な事態に遭遇したとき、わたしたちは「こんなはずではなかった」と言って嘆き、逆に想像もしなかった幸運に当たると「これはもうけもん」と言って喜びます。わたしたちは日常生活のなかでしばしばそういう体験をします。この「思いもよらない」、「思いがけず」、「意外」、「予想外」、「当てはずれ」といった言葉で表現されるのが、**「意図せざる結果」**です。

意図せざる結果のうち、たとえばMさんが仙台を歩いていたときに、ばったりとわたしに会う。このケースはわたしがストーカーでない限り、まさに偶然の出来事になります。それに対して、教育ママが息子を東大に入れるために幼い頃から家庭教師をつけ、毎日のように塾に通わせていたところ、息子が勉強嫌いになったばかりか、ぐ

山岸俊男
『社会的ジレンマ
「環境破壊」から「いじめ」まで』
PHP 新書　2000

れて非行に走ってしまった。このケースは、後者の因果関係になります。図に示すと、つぎのようになります。

【事例3・2】　母親「息子を東大に入れたい」（意図）
→息子　←家庭教師、塾
→勉強嫌いになり、非行に走る（意図せざる結果）

つまり、母親の意図は息子を東大に入学させることにあり、お金をかけて息子に勉強をさせていました。ところが、母親の意図に反してまったく逆の結果を招いてしまいました。このように、「意図せざる結果」とはある意図にもとづく行動がその意図とは裏腹な、あるいは逆の結果を生じさせる場合のことをいいます。初回の電車のクイズも、なぜ予想とは異なる結果になったのかを説明するひとつの事例として使いました。A君が想像したような男女関係ではなく、Bさんの座りたいという願望が隠されていたことを見てきました。

風が吹けば桶屋がもうかる

【問題3・1】　今度はカゼはカゼでも、ビュービュー吹くほうの風です。ことわざに「風が吹けば桶屋がもうかる」というものがあります。いちおう正解はあるのです

が、なぜ風が吹けば桶屋がもうかるのか、ふつうに考えれば、風と桶屋なんてなんの関係もありません。これをみなさんの想像力で、つぎの図を無理やり埋めてもらいたいと思います。矢印（↓）の前が原因で、後ろが結果です。

風が吹く↓　↓　↓　↓　↓

↓　↓　↓　↓桶屋がもうかる

ちなみに桶って何ですかという学生のために説明をしておきますと、細長い板を縦に円形に並べて底をつけ、たがで締めた筒型の容器のことをいいます。むずかしいですね。みなさんがお風呂で使うプラスティックのバケツがあると思いますが、あれを木でつくった容器のことです。

【解答3・1】 学生が出した解答例を見てみましょう。たとえば下のように全部で5～7つの因果関係、すなわち原因と結果の連鎖が続きます。この回のはじめにデタラメでいいと言ったのは、こうしたユニークな発想こそが求められているからです（正解は40ページ）。

親切心があだに

【問題3・2】 ここでクイズです。准看護師になったばかりのN子さんは、治療が

【解答例】

①風が吹く → 家の屋根が壊れる → 雨漏りする → 雨を受ける桶が必要 → 桶屋がもうかる

②風が吹く → 火事が起こる → 火が広がる → 消火する → 水を入れる桶が必要 → 桶屋がもうかる

③風が吹く → 寒くなる → 風邪をひく → インフルエンザが蔓延 → たくさん死ぬ → 棺桶が必要 → 桶屋がもうかる

終わった患者のおばあちゃんから「足が痛いからタクシーを呼んでください」と頼まれました。N子さんは笑顔で「いいですよ」と答え、タクシー会社に電話をすると、数分でタクシーが到着しました。N子さんはロビーで待っていたおばあちゃんにこう叫びました。

「おばあちゃ〜ん、〇〇〇〇〇〇〇〇！」。その瞬間、病院ロビーは凍りつき、異変に気づいたN子さんは、「〇〇〇〇〇〇〇〇」という言葉が、お年寄りや患者さんに対してタブー中のタブーだったことを思い出しましたが、後の祭りでした。さて、N子さんはおばあちゃんに何と言ったのでしょうか？

【解答3・2】 わかったでしょうか？　そうです。「お迎えが来ました」と言ってしまったのです。もちろんN子さんは親切心でおばあちゃんにタクシーが来ましたよと教えてあげたのですが、周りの人は人間の死を意味する「お迎え」という意味に受け取ってしまったのです。

N子さん「タクシーが到着しました」と患者さんに伝えたい（意図）　親切心（＋）

↓

周りの解釈「あの世からのお迎え」

↓　　　　　↓

病院ロビーを凍りつかせた（意図せざる結果）　あだ（－）

【問題3・3】では、つぎのクイズです。超氷河期といわれる就職難のさなか、仙台の私立大4年生のT君が初の面接試験に臨んだ時のことです。志望動機など型どおりの質問が終わると、ひとりの面接官が「ところで、家業は何ですか?」と質問しました。一瞬おかしなことを聞くなあと思ったT君でしたが、元気よく、「△△△△です!」と答えました。それを聞いた面接官たちは失笑しました。さて、T君はいったい何と答えたのでしょうか?

【解答3・3】わかりましたか? そうです。たとえば農家とかサラリーマンですと答えれば笑われることはありませんでした。T君は「カ行」を聞かれたと思ったので、元気よく、「カ・キ・ク・ケ・コ」と答えてしまったのです。

面接官「家業は何ですか?」と質問(意図)
↓
T君「カ・キ・ク・ケ・コ」
↓
失笑をかう(意図せざる結果)

学生の悪夢　講義中寝ることは得なのか?

この「意図せざる結果」という考え方は、一人ひとりの個人だけでなく、もう少し

【38ページの正解】
風が吹く → 土ぼこりが舞う → ほこりが目に入り目の見えない人が増える → 三味線弾きになる → 三味線が売れる → 胴体に猫の皮が必要 → 猫が「乱獲」される → ネズミが増える → 桶をかじる → 桶が売れる → 桶屋がもうかる

大きな社会現象にも適用できます。講義中みなさんは真剣に先生の話を聞いているでしょうか？　寝ることもあれば、つぎの講義の宿題を内職しているのではないでしょうか？　これは短絡的に見れば本人にとって得に思えるかもしれません。しかし、「意図せざる結果」の考え方を当てはめると、しばしば得どころか、大損する結果を招くこともあるのです。

意図せざる結果として、わたしたちは自分で自分の首を締めている場合があります。つまり、もっとも賢い選択（**合理的選択**）をしている、そして、周りの人たちもそのように思っていても、結果としてもっとも〝愚かな〟選択だとしたらどうでしょう。この現象を「**社会的ジレンマ**」といいます。ここでの問題は、愚かな選択だからではなく、賢い選択によって社会問題が深刻になっていくケースです。

ロスの大気汚染のメカニズム

いまから**環境問題**という**社会的ジレンマ**を考えていきましょう。これも、バカだから起こるのではなく、賢いから起こる典型的な社会問題です。その例として、ロサンゼルスの大気汚染を紹介しておきましょう。

【問題3・4】「意図せざる結果」を使って、60年ロサンゼルスで実際に起こった大気汚染のメカニズムを考えてください。ただし地理的条件として、ロスは太平洋とロッキー山脈に挟まれています。

【学生の悪夢】

学生：講義中に寝る，内職する＝もっとも賢い（合理的）選択
↓
先生：「わたしの話ってそんなに面白くないのか」と不愉快
↓
学生：携帯メールをしたり，iPod を聴く
↓
先生：ますます講義をする自信を失う
↓
学生：ますますつまらなくなり，おしゃべりしたり，爆睡する
↓
先生：むずかしい試験でしっぺ返しをする
↓
学生：単位を落とす＝もっとも愚かな選択

【解答3・4】まず、下の学生の模範解答を見てみましょう。どうでしょう、みなさんの答えもこんな感じでしょうか？　確かに大気汚染自体は当初予想もしていなかったので、意図せざる結果です。しかし、この解答だと何の意外性もありません。地理の授業で習う事柄です。ここではもう少し考える必要があります。

　わたしたち一人ひとりの人間はある状況を受けて、考え、行動します。さて、大気汚染の町に住んでいる人は、この環境悪化という状況に対して、どのような行動をとったのでしょうか？　そうです。汚染を避けるために、より環境の良いところへ引っ越したのです。その結果どうなったでしょうか？（正解は45ページ）

　郊外に移っても、職場自体はロス中心部にあります。アメリカでは移動手段は車ですので、より多くの人が自家用車で通勤します。車の排気ガス増加によって、大気汚染に拍車をかけることになりました。大気汚染を避けようとした行動が、さらに大気汚染を広範囲に拡散させたという「**社会的ジレンマ**」の事例なのです。

以下、意図せざる結果の考え方を用いて、「道路渋滞のメカニズム」や「医原病のメカニズム」を矢印で図式にしてみてください（解答例は46ページ）。

【解答例】

太平洋とロッキー山脈に挟まれる
↓
海軍基地など産業の立地
↓
人口の増加
↓
自動車の排気ガス量の増加
↓
大気汚染

ダーウィンの悪夢

03（平成15）年まで「白スズキ」という名前で売られていた、ナイルパーチという魚を知っているでしょうか？　白身魚として重宝され、04（平成16）年の日本の輸入量は約4千トンともいわれています。フーベルト・ザウパー監督の『ダーウィンの悪夢』という映画があります。わたしたちがふつうに食卓でいただくお魚が、じつは深刻な貧困を引き起こしているという悪夢を描いたドキュメンタリー作品です。なぜ、わたしたちのおかずとアフリカの貧困が関係するのでしょうか？　この映画は先進国と途上国の見えにくい関係を追ったものです。舞台はアフリカ・タンザニアにある世界第二位の大きさの淡水湖、ヴィクトリア湖。ドラマはここで繰り広げられます。

　ナイルパーチはもともとヴィクトリア湖にはいない外来種の魚です。日本でいえば琵琶湖のブラックバスのような存在です。この湖は多様な生物が生息することから、「ダーウィンの箱庭」と呼ばれています。そこにナイルパーチが放たれると、たちまち在来種の魚を駆逐し、湖の生態系が一変します。ナイルパーチは淡白な味の白身魚で加工しやすく、湖の周辺にはヨーロッパや日本へ輸出する加工工場が次々と進出して、大きな雇用をもたらしました。ここまでは貧困どころか、ナイルパーチが貧困救済に寄与しているようにみえます。

　しかしナイルパーチを獲れば金持ちになれると、農村や周辺地域からあまりに多くの人を呼び寄せてしまいました。ボートのない人は漁に出られないし、すべての人が職にありつけるわけではありません。多くの人がナイルパーチという夢の産業からあぶれる結果になったのです。それは深刻な貧困を招来しました。

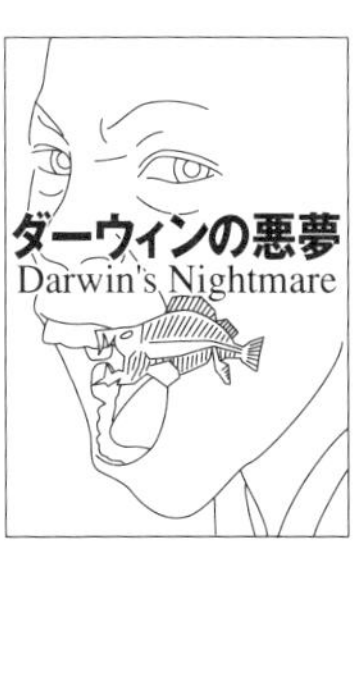

ダーウィンの悪夢 DVD
フーベルト・ザウパー監督
フランス／オーストリア／ベルギー映画
ビターズエンド提供　2004

生活していくために、女たちはキャンプで漁師や業者たちを相手に売春を始め、エイズが広がっていきます。エイズで親を亡くしたり、貧困やアルコール依存の親に捨てられた多くの子どもたちが、路上生活を強いられていきます。日常的に起こる暴力、性的虐待、空腹を紛らわすために、ストリート・チルドレンたちはナイルパーチの梱包材などを溶かした粗悪なドラッグを嗅いで夜を過ごします。

また、先進国向けの高価なナイルパーチを、地元では食べることもできません。しかし、加工後の半分腐った残り物の魚を運搬してきて、揚げたり焼いたりして売り出します。それが彼らの生活の糧になっていくのですが、魚の残骸の山からはアンモニアガスがたちこめ、そのガスによって眼球が剝落してしまった女性が登場するシーンは、思わず目をふさぎたくなります。

ナイルパーチを腹にいっぱい詰め込んで頻繁に飛び立っていく飛行機は、復路には武器や弾薬さえ積んでいるといううわさまで立ちました。低脂肪でヘルシーな食生活を追求する「北」と、圧倒的な貧困という無間地獄の連鎖に陥っていく「南」の格差を、ダーウィンの悪夢における「意図せざる結果」として見てきました。

顕在的と潜在的　順機能と逆機能

以上のように、意図せざる結果には、個人的に理解できず、間違った解釈を行った結果、当初の意図とはかけ離れた事象を招いてしまうことが含まれています。それだ

【ダーウィンの悪夢】

ナイルパーチをヴィクトリア湖に放流		ストリートチルドレン，暴力
↓		↑
在来魚を駆逐して繁殖		エイズと貧困の増加
↓		↑
漁獲量増大		売春で生計を立てる
↓		↑
輸出用の加工工場できる		職にあぶれる
↓		↑
多くの雇用が生まれる	⟶	人が多く集まる

けにとどまらず、個人の欲望が集積した結果、社会レベルで思わぬ効果をもたらす場合があります。そしてこのような一連の因果関係を明らかにするには、**「社会学的想像力」**というものが必要だといわれています。

ある事象の因果関係をタイプ分けすると、ひとつの軸は**顕在的・潜在的**（目に見えるか見えないか）、もうひとつの軸は**順機能・逆機能**（意図どおりプラスに働くか、意図とは逆にマイナスに働くか）に分けられます。この掛け合わせによって１つの事象は４象限に分類されます。とりわけ社会学的想像力は「潜在的（逆）機能」の発見に焦点を当てています。

顕在的順機能とは、誰もがわかっていてそのとおりになることです。たとえば、成績を上げるために勉強します。その結果順調に成績が上がると、当初の意図どおりに目に見える成果が出たことになります。それに対して、潜在的順機能とは、目に見えない別のかたちで効果が上がることをいいます。

たとえば、雨乞いの儀礼があります。伝統社会で行われる儀礼ですが、神様に対して雨を降らせてほしいという意図をもって働きかけます。そのとおりに雨が降ればいいのですが、自然現象なので降らないこともあります。雨を降らせることは失敗しても、影響はそれだけにとどまりません。雨乞いの儀礼は、見えないところで集団の結束を強め、人びとの連帯を高めることがあります。つまり、雨乞いによって雨が降れば意図が実現したことになり（顕在的順機能）、また降らなくても、人びとが集まり

【42ページの正解】

大気汚染
↓
住民の多くが郊外に移転
↓
自家用車の排気ガス量の増加
↓
大気汚染の悪化

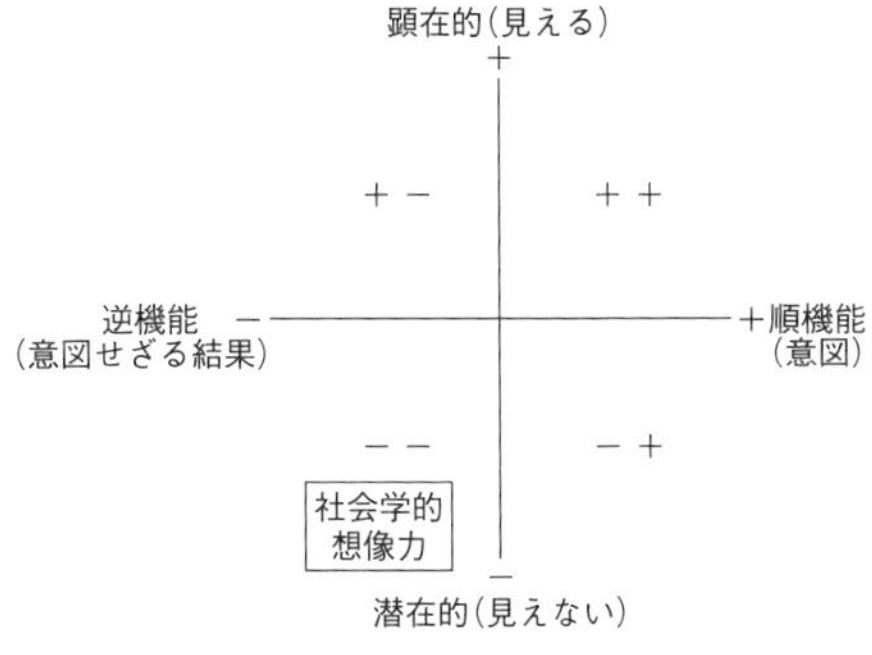

共同の儀式を執り行うことで社会を強化することになります（潜在的順機能）。

雨乞いの儀礼で雨が降らなかった場合、人びとの願い（意図）は実現しなかったことになります（顕在的逆機能）。その場合、指導者の神通力が疑われ、人びとが互いに疑心暗鬼となり、争いが起きて社会を弱体化させることがあります（潜在的逆機能）。先ほどのダーウィンの悪夢の話は、ナイルパーチが獲れていったんは雇用が生まれましたが（潜在的順機能）、人びとが湖周辺にあふれ貧困を助長させる結果を招きました（潜在的逆機能）。

まとめ

この回でお話したことを簡単に図示してみましょう。

因果関係

- 原因 A → 結果 B 「当たり前」「予想どおり」
- 原因 C → 結果 D 「偶然」「まぐれ」
- 原因 E →（結果 G）→ 結果 H 「意図せざる結果」「意外性」
  - 別の要因 F →（結果 G）

あれとこれは本来結びつかないけれど、どこかでつながっているのではないかと嗅ぎ分ける、嗅覚とでもいえる感覚が社会学では必要です。こうした感覚を磨くために、さらに第4回以降で社会学的想像力を働かせ、社会を体感していきましょう。

【42ページの解答例　道路渋滞】

渋　滞
↓
新たな道路（バイパス）を建設
↓
便利になり，新たに車を買う人が増加
↓
自動車の通行量増加
↓
渋滞の増加（初めに戻る）

【42ページの解答例　医原病＝医療が病気を生み出す】

病院が建設され，医療保険制度が整備される
↓
診察料が安くなり，患者が増加
↓
病院経営上多くの「患者様」が必要
↓
家族や自治体が高齢者を病院に任せきりに
↓
病院の増加（初めに戻る）

第4回

予言

予言の自己実現

パニック・流行のしくみ
秀才のつくり方
占いはなぜ当たる
血液型性格診断はウソ？ホント？
トマスの公理または状況の定義

振り込め詐欺

みなさんはどのような宗教を信仰しているでしょうか？　仏教でしょうか？　キリスト教でしょうか？「えっ、わたしは無宗教なのですが……」という答えが一番多いかもしれませんね。多くの日本人は、イスラム教やキリスト教の信者のように熱心な信仰はしていません。あるいは、宗教とは無縁とむしろ距離をおく人も少なくないのではないでしょうか？　しかしここで考える「宗教」とは、神様という信仰の対象ではなく、わたしたちが偶然何かを信じ込んでしまうことを想定しています。はたから見ると、なぜそんなことを信じてしまったのか、理由がわからないことがしばしばあります。でも当の本人は信じて疑わない場合が往々にしてあります。

巧妙な手口の振り込め詐欺が横行していて、その悪質さに国や自治体も危機感を募らせています。大阪では振り込め詐欺の被害がほかの県に比べてさほど高くありません。それは、日常会話が半分以上冗談で成り立つことが多いために、「何またバカなこと言って」と電話口で相手にもされないからです。

わたしも大阪の実家に電話して「俺おれ、金振り込んで」と言うと「なんぼ振り込めばいいんや?」と父親も返してきます。もちろん冗談で、父もわたしに合わせて一種の漫談になっているのです。それくらいいつも日常生活でダブついたコミュニケーションをしていることがわかります。

ところが、現在わたしが勤務している仙台の大学では、学生の気質がまるで違います。あまりにも素直で実直で冗談を本気にしてしまい、こちらがあわてて言い直すことがしばしばあります。ある学生は、アパートにやってきた見ず知らずの訪問販売のおじさんから換気扇のカバーを数万円で買ってしまったそうです。そこで「なぜそんな高額なものを買ってしまったの?」と聞くと「いい人そうだったので……」という返事が返ってきました。「百円ショップで売っているよ」と教えてあげると、その学生は頭を抱えていました。これは地域の気質の違いといえるかもしれません。

さまざまな事例を通して、わたしたちの信じるという行為について考えていきましょう。

銀行の倒産・取り付け騒ぎ

【問題4・1】ある銀行が突然倒産しました。なぜこの銀行はつぶれたのでしょうか？　原因を考えてみましょう。ワンマンな頭取が放漫な経営をしていた。不良債権を大量に抱えてしまった。このような答えが考えられますが、じつはどれも当てはまりません。ヒントを出すと、むしろその銀行は健全な経営をしていました。赤字ではなく、黒字だったのです。えっ、なぜなぜ？という疑問がわきますよね。ふつうわたしたちが考えるのとはまったく異なる事象が結びついています。前回の「意図せざる結果」の事例となるわけです。

【解答4・1】以下はみなさんの生まれる前、実際に起きた事件です。たまたま愛知県の豊川信用金庫に就職が決まっていた高校生のA子さんは、ひょんなことで友達から「信用金庫は危ないわよ」という話を聞きました（強盗に狙われると危険という冗談）。A子さんは帰宅して、そのことを親戚のおばさんに話しました。おばさんは「信用金庫」という一般名詞を「豊川信用金庫」と思い込んでしまいます。このおばさんが美容院に行き、その話をしました。それが回り回ってある主婦に伝わり、主婦は早とちりして「豊川信用金庫は危ないらしい、だから貯金をおろした」と知人たちにご親切にも電話で吹聴しました。また、これにアマチュア無線まで飛び入りして、その仲間の3分の1に「豊川信用金庫の経営がよくない、つぶれるかもしれないとい

預金の引き出しや振り込みは冷静に

う話を聞いたが、知っているか」という尾ひれがついて伝わります。そこから次々と貯金おろしの渦が信用金庫をまきこみ、1日だけで5億4千万円が引き出される結果になりました。警察が捜査に乗り出し、取り付け騒ぎはすぐに静まりました。もちろん豊川信金は健在です。

73（昭和48）年の事件ですが、このように、嘘みたいなことが実際に起こってしまったのです。みなさんもわかっているように、「あの信金が危ない」と誰かが言った時点ではこれはまっかな嘘です。けれどもそれをみんなが信じることによって、信じたとおりの結果になってしまうのです。この事象は**「予言の自己実現」**あるいは**「予言の自己成就《じょうじゅ》」**と呼ばれています。予言というのは科学的に実証されていないので、いわばウソです。それを当事者たちが実際に信じてしまうことによって予言どおりの結果になり、「ほら、わたしの言ったとおりになったでしょう」ということになります。けれども、予言した時点では根拠のないただのうわさなのです。

以上を単純化して3段階に図示してみましょう。

【事例4・1】「あの銀行は危ない…」（誤ったうわさ）

↓

うわさに尾ひれがつく（反応）

↓

取り付け騒ぎ、預金おろしの渦（予言が的中）

豊川信用金庫（同 HP）

トイレットペーパー・パニック

ではつぎの問題を見てみましょう。これも前と同じ年の出来事になります。

【問題4・2】 第一次石油ショックで、地球の資源が尽きてなくなるといわれた時期がありました。石油の価格が高騰し、店頭で日用品の品薄が続きましたが、これがトイレットペーパーにも飛び火しました。トイレットペーパー不足でパニックが起こったのです。トイレットペーパーはパルプつまり木材が原料ですので、石油を原料とする製品とは異なります。なぜトイレットペーパー不足になったのでしょうか？

【解答4・2】 現在も石油はなくなっていませんので、この時の情報は当たらなかったのですが、石油の供給不足とトイレットペーパー生産は直接関係がないことを確認しておきます。ところが、トイレットペーパーがなくなるといううわさが拡がって、一種の恐怖感から多くの人がトイレットペーパーを買いに走りました。そうすると人に先んじて多く買おうとする人が現れます。店のほうも予想して値札の上に「おひとりさま2個まで」という限定をつけます。わたしたちはこの「まで」という言葉に弱く、そうすると誰もが2個以上買おうとします。

するとスーパーには十分にトイレットペーパーの在庫があったにもかかわらず、あっというまに、売り切れます。わたしの知り合いにもこのとき買ったトイレットペーパーがようやく10年前になくなったという人がいました。25年近くため込んでいたこ

とになります。極端なケースですが、もしこのような買いだめ行動をみんながとったらどうなるでしょうか？　当然店頭からなくなってしまいます。その結果、トイレットペーパーがなくなるといううわさ（予言）が的中してしまいました。しかし、ここで重要なことはうわさの時点では、十分な在庫があったということです。このことをいま一度確認しておく必要があります。

これも単純化して3段階に図示してみましょう。

【事例4・2】　トイレットペーパーがなくなる（誤ったうわさ）

　　　　　→買いだめに走る（反応）

　　　　　→店頭から在庫がなくなる（予言が的中）

流行・ベストセラー

この2つの事例は昔のことで、わたしたちはそんなアホなことはしませんとみなさんは冷ややかに見ているかもしれません。そこで、ここからはみなさんも一度は経験のあることを中心に展開していきましょう。

【問題4・3】化粧品のコーナーに行くと、「この春の流行色は鮮烈なオレンジ」と書かれた口紅の宣伝を目にすることがあります。そして実際春になるとそのとおりになります。これはいったいどのようにして起こるのでしょうか？

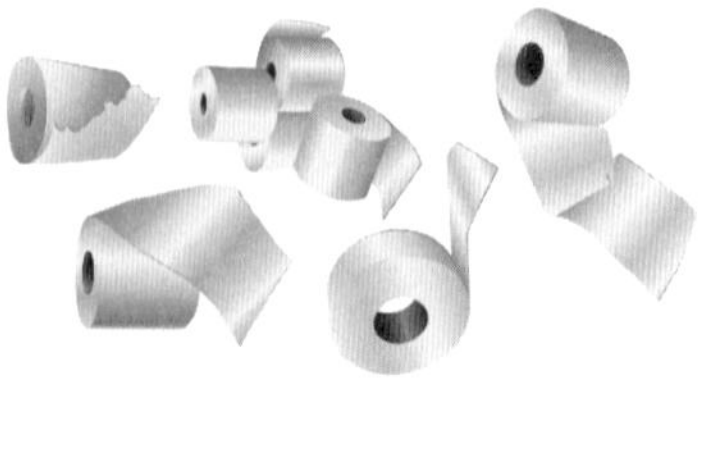

【解答4・3】 いつものように3段階にして書いてみましょう。

じつはここでは、テレビCMや雑誌記事・広告などが大きな意味をもってきます。まずファッション業界団体において専門家の会合を開いて、流行色のコンセプトを決定します。それに従って各社は商品企画や宣伝広告を仕掛けるわけです。そうとも知らず雑誌を見ていた読者のあなたは、「これが今年春の流行ね」と漠然としたイメージをもち、欲しいなぁという気分になります。ここには「これを買って流行の先端を行こう。新しいわたしを演出しよう」という女心があります。そして実際に人に先んじて口紅を買う行動に出ます。

でも考えてみると、あなただけが雑誌を見て買ったのではなく、同じ雑誌を見た多くの人たちが同じように考えて買ったとしたらどうなるでしょう。しかも店頭に華々しく新発売の口紅のコーナーがあったとしたら、もう買わないという選択肢はないでしょう。こうして購買行動が決められてしまう仕掛けがあります。その結果、「鮮烈なオレンジ」の口紅が爆発的に売れることになるのです。

【事例4・3】 この春に流行る口紅の色「鮮烈なオレンジ」（メディア情報）

↓

流行の先端を行きたい女心（反応）

↓

口紅が売れて春の流行色になる（予言が的中）

『ar』
2010年3月号
主婦と生活社

ベストセラーもこのからくりに似ています。電車の吊り広告に「○○の本、30万部を超える！」とでかでかと載っていることがあります。これは明らかにウソです。なぜかというと、発売後すぐに30万部も売れるわけはないからです。でも数ヵ月たってみると、実際に広告どおりの売れ行きを記録する場合があります。

ここで吊り広告を見た人がどのように思うかを考えてみましょう。こんなふうに思うのではないでしょうか。「ほお、こんなに売れているんだなぁ、みんなが読んでいるのならわたしも買って読まなければ」。こういう心理に思わずなります。そして実際に本屋さんで購入する。多くの人がそう思って買うので、実際に30万部、もしかしたら百万部を超える売れ行きになるかもしれません。でも吊り広告を出した時点では、こんなに売れているわけではないのです。

以上の3つの事例で学んだことを、ここでいったん「えいやっ」とまとめてみましょう。これらの原理は**「トマスの公理」**、別名**「状況の定義」**とも呼ばれるもので、「人がある状況を真実であると定義すれば（思い込めば）、結果においてもその状況が真実になる（ほんとうに起こる）」と定式化されているものです。

たとえば先生が「これはテストに出ますよ」と言うと、それまでうとうとしていたみなさんは、ぱちっと目が開いて脳がフル回転するに違いありません。まさしく、これが「トマスの公理」なのです。ある情報にもとづいて自らがある状況を定義してつくり出す（「テストにトマスの公理が出る」）ことをさしています。したがって「ある

この本もこうなるはずでしたが
ウソはいけないと没になりました

状況」とは、第三者が冷静に見て嘘だと断定できることであっても、いっこうに構いません。

秀才のつくり方

つぎはかなり面白い事例です。才能のつくり方です。えっと思われるかもしれません。というのも天才や秀才は生まれつき決まっていると思う人が多いのではないでしょうか。けれどもそうではないという話を紹介します。

【問題4・4】 有名な心理学者がある学校に来て、「生徒の隠れたほんとうの才能を測定できる新しいシステムを開発したので、ぜひ試してみたい」と申し入れました。先生も有名な心理学者の研究だから参考になるのではと、喜んでこのテストに応じました。やがてテストの結果が報告されました。それによると、これまで全然目立つことのなかった数名の生徒が、最上位にランクされました。このことは本人たちにも知らされましたが、その後1年ほど経つと、この生徒たちは通常の学業成績でも上位に入るようになりました。さすがに有名な心理学者はたいしたものだと、みんな感心しました。いったいどのようにして才能ある生徒を見つけたのでしょうか？

【解答4・4】 いかにももっともらしいテストをしながら、じつはこの心理学者はまったくランダム（デタラメ）に数名の生徒を選んで、あたかもテストの結果が最上

位にあるかのように報告しただけでした。もちろん、デタラメに選んだことは、生徒はもとより先生にもばれないように、細心の注意を払いました。

この話は作り話ではなく、アメリカの教育心理学の領域で行われた実験方法です。つまり、人間の能力は生まれつきではなく、社会的につくられるもの、本人も周囲もそう思い込んで、第7回で学ぶように「役割演技」を遂行しているのではないかという仮説がベースになっています。**ピグマリオン効果**と呼ばれています。

「ハーバード式」という科学的権威に惑わされて、選ばれた当人は「隠れた才能」に自信をもつでしょうし、先生をはじめ周りの親たちも、たとえ半信半疑であったにせよ、それまでとは違った目で見たり、違った扱いをするわけです。

当初まったくデタラメだった「秀才」のレッテルが「自己実現」して、レッテルを貼られた生徒たちは、ほんとうに期待されたとおりの秀才になっていくわけです。「なんで、私が東大に!?」というフレーズどおり「わたしってじつは隠れた才能あるんとちゃう? もっと勉強すればいい成績とれるで、よっしゃ頑張ろう」というわけで、難関の志望大学に見事合格を果たすのです。

これはプラスのレッテルの場合ですが、マイナスのレッテルの場合もあります。わたしは算数や数学が大嫌いで、理系ではなく文系を選びました。このような消極的な学科選択は意外に多いように思います。「落ちこぼれ」のレッテルを貼られたために多くの生徒たちはほんとうに「落ちこぼれ」だと自ら「思い込み」、周りもそのよう

駅の自動改札にも
「秀才」のレッテルが

に扱います。そしてほんとうに勉強のできない生徒になっていくわけです。これが思い込みの〝ワナ〟なのです。自分で自分を〝萎縮〟させることにもつながっていきます。

星占い

【問題４・５】ある占い師は、予言がしばしば当たります。ある人に「あなたは○星座なので、今年は宝くじを買いなさい」と予言しました。その人は確かに宝くじを買いましたが、外れました。そのことを後になって言うと、その占い師はどんなふうに答えたでしょうか？　ちなみにこの占い師は「わたしがやっているのは統計学」と自称しています。

【解答４・５】占い師「あなたちゃんと方角を考えて買った？」占ってもらった人「いや、考えないで買いました」占い師「それじゃ当たるものも当たらないわ！」。つまり、この占いは外れても当たってもいいのです。予言どおりの結果になった時は当たったと言い、外れた場合は、外れた理由を後からもっともらしく考えればいいのです。方角や死者に対する礼節を説いたり、風水や民俗学の知識をもち出しておけば、より説得的です。そして占ってもらった人が現時点で自分は「△星座」と信じるとどうなるでしょう？　この分類は、誕生日によってすべての人を何々星座に割り振りま

す。仮にA星座は不運な年で、B星座は幸運な年だとします。自分がA星座と信じる人は必ず不運に見舞われると宣告されてしまったことになります。

逆に、かつてインド洋大津波によって周辺地域はたいへん大きな被害を受けましたが、このような災害で○△星座だけが圧倒的に死者の数が多いという話は聞いたことがありません。もし占いがほんとうならば、○△星座の死者が数の上で優位となる統計結果が得られなければならないでしょう。占い師は、何千人という人と面接するなかで肌感覚として人びとの性格のタイプ分けができるのでしょうが、その主観的感覚を統計学と呼んでいるにすぎません。

血液型性格診断

つぎにみなさんが大好きな血液型性格診断です。

【問題4・6】家族、友人、知り合いの人たちを血液型A型、B型、O型、AB型に分けて、同じ血液型の人たちに共通する性格があるか、思いつく限りあげてみてください。

【解答4・6】Jamais Jamais（じゃめじゃめ）さんが書いた『A型自分の説明書』（B型、O型…）の本を手にとって見たり、買った人は多いのではないでしょうか？この本はチェック項目集で、たとえばB型では、

□「変」と言われるとなんだかウレしい
□自分ルールがある
□地味でめんどくさい作業を楽しめる

など、当てはまる項目の□をマークしていき、ある人の行動パターンのB型度を調べます。思わず「こんなとこ、あるある」と共感してしまう人も多いのではないでしょうか？

しかし、血液型性格診断は科学的な根拠のないまっかな嘘だと言われたらどうでしょう？

社会心理学者が血液型と性格の相関関係を統計的に調査してみたところ、まったく一致しないことがわかりました。けれども血液型性格診断はかなりの信奉者を集めているようです。学生たちと話していて、あの子がB型だとわかると「やっぱり！」と盛り上がります。わたしもしばしば女子学生から「先生の血液型は何型ですか？」と真剣に聞かれることがあります。これには「新潟」とか「ガタガタ」という他愛もない答えを返しますが、学生はいっせいに引いてうすら笑いを浮かべます。

これはただみなさんが信じているだけのことです。繰り返し言いますが、科学的な根拠はありません（と言われると今度はわたしを信じますか？）

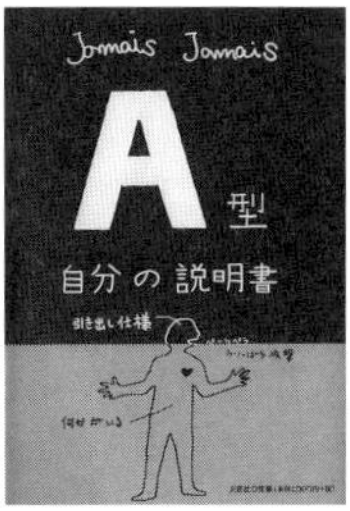

Jamais Jamais
『A型自分の説明書』
文芸社　2008

プラシーボ（偽薬）効果／白衣性高血圧症

【問題4・7】鎮痛薬の効果をはかる実験に参加した2人の被験者のうち、1人はほんとうの薬を、もう1人は偽薬（じつはただの粉）のカプセルを渡されています。2人とも「痛みによく効く」と信じて飲みつづけました。結果はどうなったでしょうか？

【解答4・7】医学の世界では、何のヘンテツもない（じつは薬の入っていない）カプセルを飲んで病気が〝実際に〟治ることが知られています。患者本人はこの偽薬を、絶対に効くと思って飲んでいます。そうするとほんとうに元気になるというお話です。もうたくさんの事例を見てきたみなさんにはわかると思いますが、これはプラシーボ効果といわれるものです。プラシーボとはラテン語の「わたしは喜ばせる」という言葉からきていますが、患者さんを喜ばせることを目的とした、薬理作用のない薬をさします。カプセルの中身には、通常澱粉や生理食塩水などが使われます。

プラシーボ効果は、このような偽薬によってもたらされる症状の軽快をいいます。「痛みによく効きます」といわれてカプセルを飲んで、痛みがなくなった場合は、鎮痛効果ありと見なされます。これらはもちろん薬理作用ではなく、この薬は効くという思い込み（状況の定義）によって本人の治癒力がアップしたといえるでしょう。

そして過酷なことですが、医師がレントゲンフィルムをさして「影がありますね」

薬は用法を守ってお飲みください

と告知した瞬間に、人はがん患者になります。昨日と今日のがん細胞にはほとんど変化がないにもかかわらず、がんと告げられた瞬間にその人の人生観や生活習慣が一変してしまいます。これも典型的な思い込みのワナで、人間が想像し、解釈する生き物だからこそ、「状況の定義」を自ら行い、自らそれにはまってしまいます。これはすばらしい力でもあり、怖い力でもあります。

つぎは同じ医療でもナースの看護の領域で起きる現象です。

【問題4・8】 病院で血圧を測るとふだんより血圧が高くなる人がいます。もちろん本人は高血圧症と診断されますが、なぜこんなことが起きるのでしょうか?

【解答4・8】 じつはこれは「白衣性高血圧症」といって、ナースが血圧を測ると男性の血圧が高めになってしまうというものです。簡単にいうと、袖をまくって美人のナースが手を握って血圧を測ると、男性は心臓がドキドキしてしまいます。このドキドキを測定器が血圧上昇と記録してしまうのです。

ここで考えておきたいのは、血圧測定器は人間の主観が入らない科学的な装置です。しかし測定するのもされるのも人間だというところがミソです。科学の客観性を扱った面白い実験を最後に紹介しておきましょう。

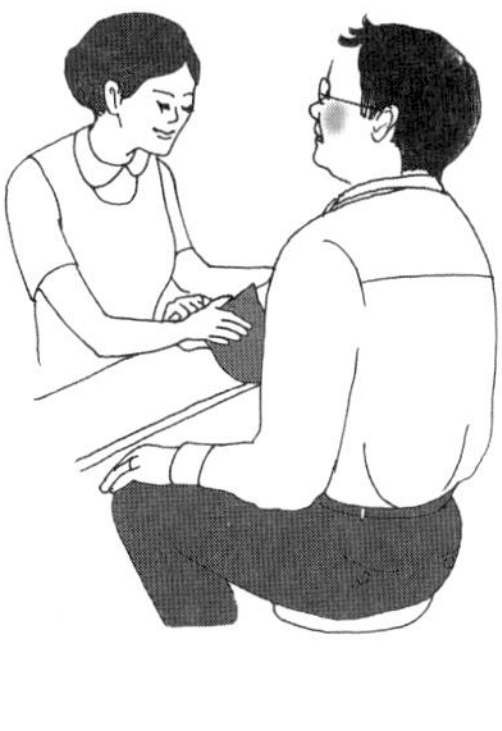

ホーソーン実験

【問題4・9】アメリカのある工場で作業能率が落ちたので、その原因を探ってほしいという依頼が科学者のもとにきました。科学者は照明の良し悪しが作業能率に関連しているのではないかという予測を立てました。そこで作業員を2つのグループに分けて、一方のグループは照明の明るい部屋で、もう一方のグループは照明の暗い部屋で作業をしてもらいました。さて、どちらが作業能率が上がったでしょうか?

【解答4・9】照明の明るいグループと答えたみなさん、不正解です。照明の暗いグループと答えたみなさんも、不正解です。正解は両方のグループともに作業効率が上がったのです。いったいなぜでしょう?

実験の被験者に選ばれたことで、自分は特別な人間だと思い込んだ両グループの作業員さんたちは、いつもよりがんばってしまったのです。実験すること自体が能率に影響を与えてしまったのでした。これは、社会心理学者メイヨーらが1920年代、アメリカの電気機器メーカーのホーソーン工場で作業環境と労働生産性の実験を行ってわかったことでした。

まとめ

先にあげた**状況の定義（トマスの公理）**は、当の本人がそのように思い込んでしま

うことに始まります。モテない自分、数学ができない自分も、はじめは思い込み（＝嘘）だったのが、実際そのように行動するので、ますますネガティブな枠に自分を閉じ込めていき、ほんとうにモテない自分や数学の苦手な自分をつくってしまうのです。

「人がある状況を事実であると定義すれば（思い込むと）、その状況は結果においても事実である（ほんとうになる）」というトマスの公理から逃れることは一見簡単なようにみえますが、じつは自己を定義づけている「自分流のルール」を捨てることは、非常にむずかしいといえるでしょう。そればかりか、ルールを補強する証拠集めのように、テレビや雑誌やインターネットから熱心に情報収集さえしています。本を読んで、「やっぱり自分は○○だ」と自己暗示をかけているのです。

ここではなぜ無責任なうわさ、まっかな嘘、いいかげんな予言が当たってしまうのか、という疑問に答えてきました。それは意外にも、冷静であるはずのわたしたちが思い込みという落とし穴によくよくはまってしまうところに原因がある、とわかっていただけたでしょうか？

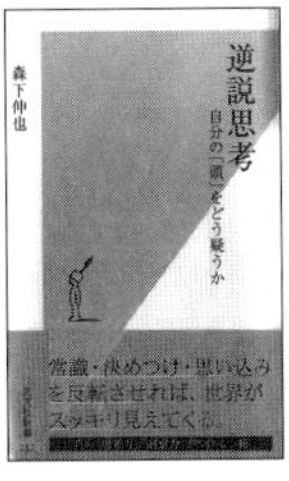

森下伸也
『逆説思考
自分の「頭」をどう疑うか』
光文社新書　2006

第5回

魔力

ラベリング

産地偽装

一人暮らしをしているあなたは、スーパーで夕飯などの買い物をしますよね。そこでわたしたちは何を見るのかというのがここでの問題です。親からの仕送りがカツカツならば、まず目ぼしい商品の値段を見ます。見切品はともかくとして、値段の安いほうに目がいきます。つぎに魚や肉それにお惣菜などはパックに詰められていますが、そこで何を見るでしょうか？　そうです。最近さまざまな偽装などで問題になっていますが、○○産というラベルを見ます。たとえば、安くても外国産であれば、脇に寄せて国産を探すのではないでしょうか？

じつはわたしたちは魚や肉の色やにおいなど中身をチェックしないで、外側に貼ってあるラベルの情報のみを手がかりに判断する傾向を強くもっています。したがっ

て、偽装の問題が後を絶たないのは、ラベルを偽れば、中身がどこのものであってもわからないという消費者の弱みを利用する連中が出てくるためです。この回では、人間が**ことばという情報**に頼るゆえに、物事がゆがんだかたちで解釈されていく現象を扱いたいと思います。

動物園をプロデュースする

偽装事件はもちろんわたしたちの安全を脅かすわけですが、ただこの種の事件が明らかにしたことは、何が正しくて何が正しくないかは、素人目には判断がつかないということです。正・不正の境界があいまいで不確定になってきたといえるでしょう。あるいはもともと不確定なものだと言っても過言ではないでしょう。見る側と見られる（演出する）側のシールド（保護膜）の問題について、三崎亜記さんが書いた『動物園』という面白い小説があります。

近年、旭山動物園（北海道旭川市）のドキュメンタリーが放映されていますが、この小さな動物園が画期的だったのは、従来の動物を見せる展示（「形態展示」）に対し、動物本来の野性的な行動や能力を見せる展示（「行動展示」・「生態展示」）の方法を取り入れたことにあります。旭山動物園ではこのような展示方法を実践し、動物たちが退屈しないように飼育環境の工夫・改善に力を入れていきます。動物が自分の居場所を見つけられる環境をつくれば、自然と動物固有の躍動的な生態を来園者に見せ

三崎亜記「動物園」
『バスジャック』
集英社文庫　2008

てくれるというものです。

動物本来の姿に近づけることが、結果として見る側を楽しませるわけです。それに対して、三崎さんが描き出した動物園の世界は、見る側が楽しんだり喜んだりする展示を考えます。ここで重要となってくるのは、わたしたちの「観る」行為が漠然とした不確実なものであることです。たとえば、キリンの檻の前で5分以上熱心に眺めていた人に「いまからキリンの絵を描いてください」と画用紙を渡しても、おそらくほとんどの人はキリンをきちんと描くことはできません。不振に陥っていた動物園をプロデュースするプランナーは、人間が観ることの不確実性を利用します。

魚に用いる「**ルアー効果**」と呼ばれるものを人間にも応用します。釣りに用いるスプーンやスピナーなどのルアー（疑似餌）は、実際に魚が食べる餌とは似ても似つかない形をしていますが、その動きから餌であると「思い込んで」食いついた魚が釣られてしまいます。動物園のプランナーは、「動物そのものの動き」ではなく、「その動物を思わせる動き」によって観客を「釣り上げ」ていきます。要はわたしたちの目を欺けばいいので、動物たちは業務マニュアル風に4つのプロセスに分類されて展示されます。

ホンモノらしさ

ひとつめは「表出」、この動物といえばこのしぐさ、というわたしたちの頭の中の

イメージから入っていきます。ラッコであればお腹の上で貝を割るユーモラスな動作、シマウマであれば肉食獣に追われた時に大地を蹴る前足の力強いイメージから、展示対象の全体像をつくっていきます。つぎに「融合」、これは観る者と対象との距離を「溶か」してなくさせるものです。そして「拡散」です。これは融合によって現れた対象を、「観られる」範囲に拡げていくものです。最後にそれを「固定」します。これは対象を固定化させるのではなく、「波のままにたゆたう」という表現があるように、相手の波長に合わせることです。タヌキの檻の前と、ライオンの檻の前に立つ時では、明らかに観客の緊張度や「観る」意識が異なってきます。つまり、気を張って対象に「なりきる」のではなく、観る側の意識に合わせていく柔軟さが求められます。

こうした展示方法によって瀕死の動物園はよみがえり、まさしく「ホンモノ」らしく観客に見せかけて、プロデュースは成功裏に終わるのですが、小説のオチではなくて……ここから先はナイショ)。

(……ここから先はナイショ)。

プランナーが恐れていることは、想定外の観方をされることや、スケッチの対象となることです。ただたんに「見られる」のと、スケッチの対象物として「観られる」のでは、意識のおき方の次元が異なってくるからです。写真やビデオを撮ることは、構図やアングルにこだわるけれども、動物そのものへの「解釈」は、見る者の意識のなかにほとんど生じません。しかしスケッチする時は、観客は一度自分の網膜に取り

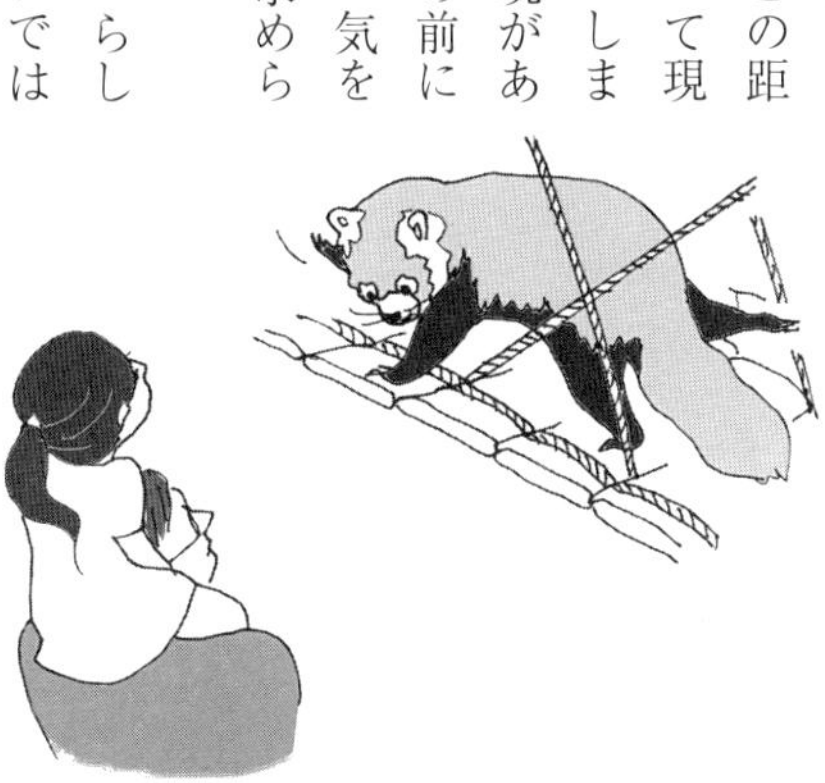

込んだ映像を自分の観点から画用紙に写し出します。そこに対象への独自の「解釈」が生じます。このことはプランナーにとって大きな「負荷」となります。

この小説はもちろんフィクションですが、ある真理を衝いていると思いませんか？ ふだんの生活のなかでも、スーパーで数分ものあいだパックを眺めてからお魚を買う人はいません。何らかのかたちで展示され、ラベルを貼られたものを瞬時に買っています。ことばから連想される勝手なイメージのもとに、自分にとって真実に見えるものを信じています。ひょっとすると別の世界を見せられているかもしれません。

いくつかの事例を用いて、**言葉のイメージ**が現実をつくってしまう逆説や「**ホンモノ**」に見える**ニセモノ**について考えていきましょう。

「寝たきり老人」はいない?!

ソーシャルサービス（社会福祉）を専門としている大熊由紀子さんが書いた『「寝たきり老人」のいる国いない国』という本があります。えっと思われるかもしれませんが、北欧ではいわゆる「寝たきり老人」がいないという趣旨の本なのです。高齢社会を迎えた日本では寝たきりはよくあることですが、それがないとはどういうことなのでしょう。

北欧の国ぐにを訪ねた大熊さんは「寝たきり老人」に当たるお年寄りがいないことに気づきました。「寝たきり」ということばが通じないので、たとえば脳卒中で半身

大熊由紀子
『「寝たきり老人」のいる国いない国
真の豊かさへの挑戦』
ぶどう社　1991

不随になり、自分でベッドから起きられず、おむつをして、寝巻き姿で天井を向いて一日中寝ているお年寄りの集団を探しましたが、見つかりません。隠れているのではないかと尋ねてみると、そういう人ならいると言われます。

その人たちは「介護が必要なお年寄り」と呼ばれていて、大熊さんが驚いたことに、脳卒中の後遺症のある女性は身体が不自由にもかかわらず、寝たきりではなく車いすに座っていました。日本で養老院カットといわれるザンギリ頭ではなく、銀髪を美しくセットしたおしゃれな人だったのです。そのとき大熊さんは「寝たきり老人」と呼ばれている人びとが、じつは周囲によって「寝かせきり」にされたお年寄りのことであると気づきます。

「お年寄りを〈寝かせきり〉にしておいて、その被害者に〈寝たきり老人〉などという失礼なレッテルを貼りつける。そして、そのことばをくり返しくり返し書いたり聞いたりする。そうすると、〈寝たきり老人〉は永久に〈寝たきり〉であり、そうなったのは〈やむをえなかったこと〉のように錯覚してしまいます」と大熊さんは言います（同書、18〜24、161ページ）。言葉は不思議なもので、この**魔力**こそが**レッテル貼り（ラベリング）**ですね。

その国では脳卒中で倒れて入院すると同時に、リハビリと退院の計画が立てられるのに比べて、日本では「寝たきり」のまま〝廃用症候群〟に陥っていくのです。人間は長いあいだ寝ていると頭がぼうっとして、起きようとしてもふらふらするから起き

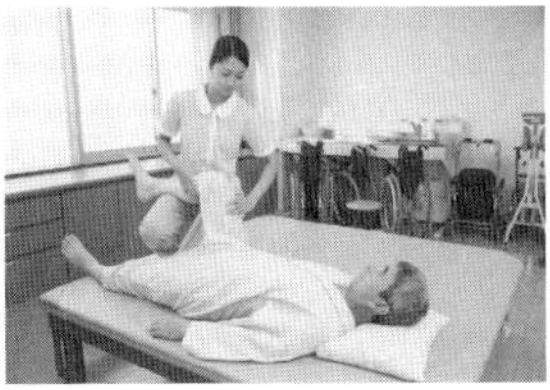

「寝かせきり」からリハビリへ

たくなくなります。一見本人の意思に沿っているようにみえますが、いったん身体がそのような状態に慣れてしまうと、骨がもろく折れやすくなり、筋肉は硬くなり、床ずれができて、ほんとうの「寝たきり」になってしまうのです。

「メガネ」「ブタ」

ここから今回の最後まで、大村英昭さんの『非行のリアリティ』という名著から、データも参照しながら少年犯罪について一つひとつ考えていきましょう（同書、4〜22ページ）。

「○○さんは××」というふうにわたしたちはさまざまなかたちで他人に**レッテル（ラベル）を貼る**わけです。目が悪かっただけで「メガネ」とか、少し太っていると「ブタ」など、呼んでいる側は軽い気持ちでも、呼ばれたほうは深く傷つくことがあります。いわゆる「あだ名」の場合も同じです。

これはむずかしくいうと呼称《こしょう》という問題で、何か同種のもの（たとえば近眼の人）をひとつにまとめて、他の種類のものから「類別」（区別）して**カテゴリー化**する（メガネ）ことを「類型化把握」といいます。そうすると一人ひとりの個性が無視され、たったひとつの呼び方でその人の全人格（パーソナリティ）が決まってしまう問題があります。

たとえば、落ちこぼれという呼称は、たんに学校の成績のことだけではなく、あた

かもその子の全人格を否定するかのようなニュアンスを伴ってきます。落ちこぼれと言われると本人も自己暗示にかかって、自分は何をやってもうまくいかないと思い込んでしまうのです。テストの点数は子どもの人格に本来何の関係もありません。もし、ある子が先生からたまたま悪いレッテルを貼られて、周りからも同じ目で見られると、そのことがその子の人生に暗い影を落としかねません。このように、呼称は多様な人間の存在を否定する怖さをはらんでいます。

少年犯罪の凶悪化?

【問題5・1】 みなさんがそれぞれ新聞記者になって、下の図5・1から読みとれる情報を百字程度の記事にまとめて書いてみてください。さらにそれに見出しをつけてください。

【解答5・1】「少年犯罪減少に転じる」「少年犯罪の3つの山」という見出しがぴったりくるのではないでしょうか?

新聞やテレビなどでよく「少年犯罪凶悪化」「戦後最悪」という見出しがあります。そして何か大きな事件が起こると、なるほどやっぱりほんとうだったんだ!!とわたしたちは思ってしまいます。しかも新聞には「殺人・強盗などを含む主要刑法犯検挙者数」という補足説明まであります。おどろおど

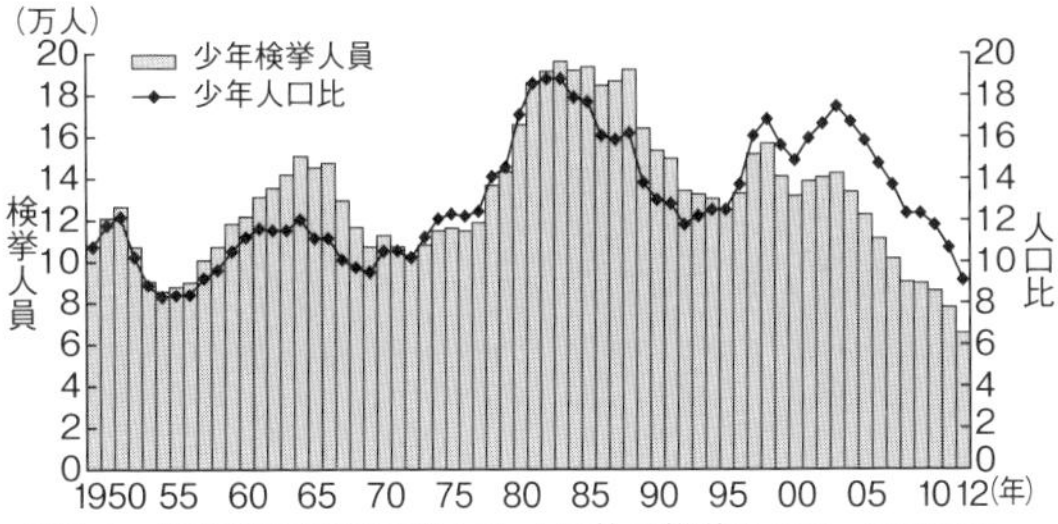

図5・1　刑法犯少年の検挙人員,人口比の推移(1949〜2012年)
(注)14〜19歳の刑法犯少年。人口比は同年齢層の人口千人当りの検挙人員
(資料)『警察白書』より作成

大村英昭『非行のリアリティ「普通」の男子の生きづらさ』世界思想社　2002

ろしいことばですね。いかにも凶悪犯罪が増えているように思えてきます。さらにそれが実際の少年事件を踏まえて報道されると、いっそうリアルに印象づけられます。

しかし、「少年犯罪凶悪化」という見方は間違っています。言葉尻をとらえているのではなく、実態としても間違っているのです。「エッ！　なんで？」。逆さから読んでも裏から読んでも、一時増えていたようにみえると思います。

凶悪犯は減少傾向

ここでは「含む」ということばがミソになります。万引きなどの軽微な犯罪も殺人・強盗と同じように含まれるのです。したがって、これをいったん窃盗犯と、殺人・強盗などの凶悪犯に別々に分けたグラフが**図5・2**と**図5・3**です。そこで窃盗犯のグラフ（図5・2）を見ると、どうでしょうか？　ほとんど刑法犯少年全体（図5・1）と同じ形をしていることに気づきます。これはどういうことでしょうか？　万引きや自転車泥棒などの軽微な窃盗犯が検挙人員全体の約8割を占めるために、グラフの形は同じになるのです。

縦軸の単位を見てもらえばわかりますが、図5・2は十万人単位、図5・3は千人単位になっています。だから、窃盗に殺人・強盗などの数を足してもたかが知れていて、変化は微々たるものになります。その結果が図5・1で、ほとんど窃盗犯のグラフと同じ形になるわけです。

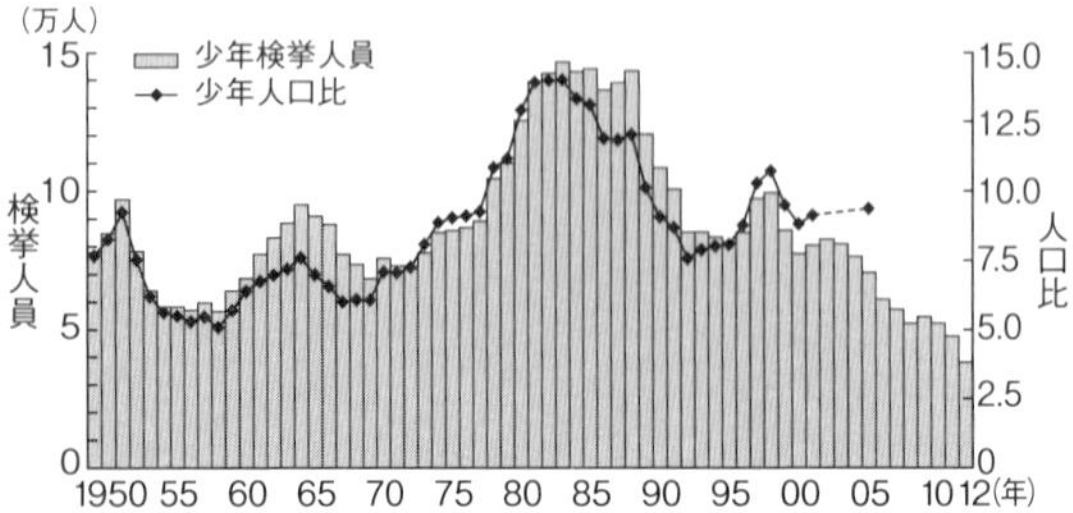

図5·2　窃盗犯少年の検挙人員,人口比の推移（1949～2012年）
（資料）図5·1と同

ところが図5・1を見たわたしたちは、あたかも凶悪犯が増えていた印象を受けます。ごていねいにマスメディアは、この図5・1の載っている『警察白書』を受け売りして「刑法犯戦後最悪・進む凶悪化」と見出しを打ちます。そうすれば誰だって凶悪化していると思ってしまいます。これは先にわたしたちが習ったトマスの公理なのです。

ところが、殺人で検挙された少年の数を集計すると、年々データは良くなって、戦後最悪どころか最良となっている年もあります（図5・4）。さらに、家庭裁判所少年事件の検察官送致（刑事処分相当）数は減少しつづけています（図5・5）。ここまでくると、わたしたちは不思議に思うわけです。「何のために最悪、凶悪と言うの？」。これは意図せざる結果ではなくて、明らかに意図した結果なのです。たいへん怖いことです。データとしては何一つ嘘をつかないで、事実を曲げることができるのです。この隠されたメッセージを社会学として読みとっていきます。

通念が陥るワナ

たしかに、殺人、強盗は減っているかもしれない。けれども、現に図5・2を見ると窃盗などの犯罪は、増減を繰り返しているじゃないか。これをどう説明してくれるんだと、みなさんは思うかもしれません。

みなさんは非行の発生状況としてグラフを見ましたが、これはわたしたちがたんに

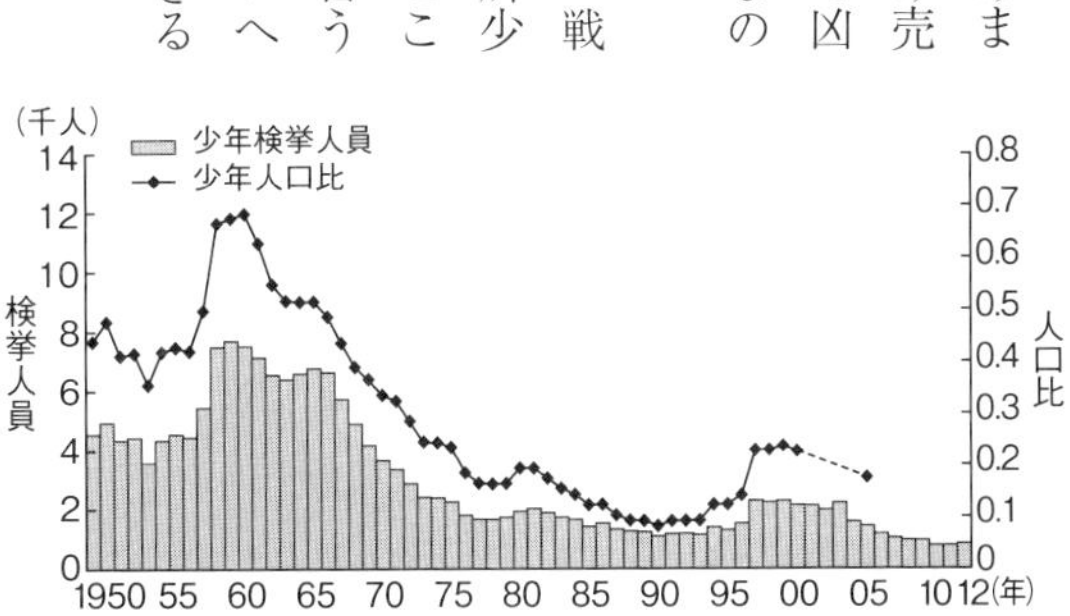

図5・3　凶悪犯少年の検挙人員,人口比の推移（1949〜2012年）
（資料）図5・1と同

「発生件数」と思い込んでいるだけなのです（つまり通念）。この考えをいったん留保します。つぎの問題は犯罪を「取り締まる」側からの考え方です。

【問題5・2】ここで質問です。殺人は見逃せるでしょうか？　見逃せないでしょうか？　万引きの場合はどうでしょうか？

【解答5・2】当然ながら殺人は「今日は（罪を）許しといたるわ。今度やったら逮捕するでぇ」とはいきません。したがって、殺人の場合は容疑者が捕まった数がほぼそのまま発生件数となります。つまり、取り締まる警察側の事情にかかわらず、逮捕（検挙）した数が統計上の犯罪件数になります。

けれども、図5・2の窃盗犯の場合は、殺人とは明らかに罪種のレベルが異なります。つまり、窃盗は見逃してもらえるケースがあります。万引きが見つかった時の対応は店によって異なります。「万引きを見つけ次第すぐに警察に通報します」というステッカーが貼ってあっても、実際は生徒の親や学校関係者を呼びだしてきついお仕置きの言葉だけですませるケースは予想以上に多いわけです。こと細かに聞かれる警察の事情聴取が面倒くさいことも一因です。たとえ警察に捕まっても不起訴にされるケースも多くあります。その結果、窃盗の件数は少年が実際に起こした数字ではなく、少年を取り締まる警察側の動向によってかなり左右されることになります。その証拠をつぎにあげていきます。

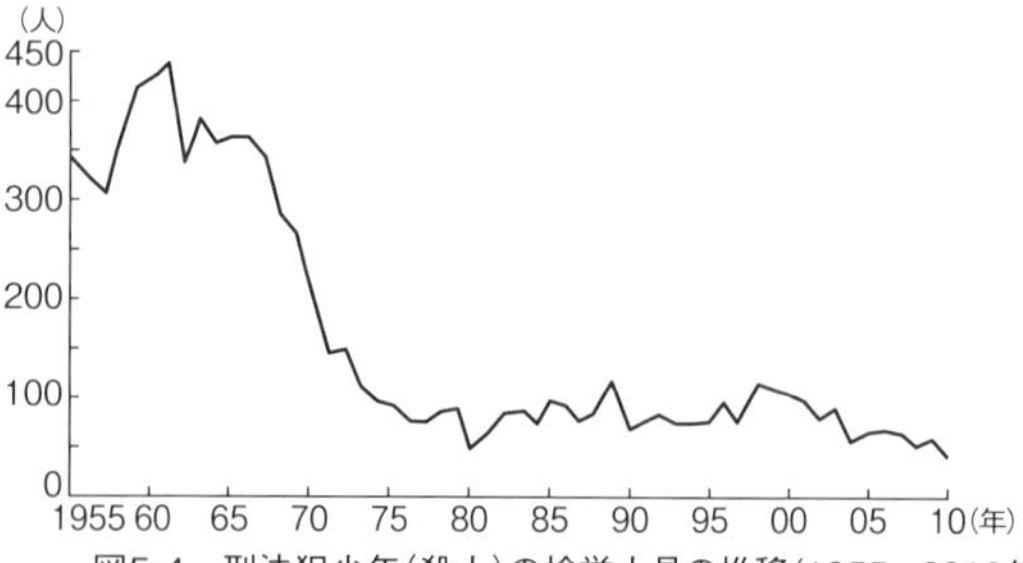

図5･4　刑法犯少年（殺人）の検挙人員の推移（1955～2010年）
（注）14～19歳の少年。（資料）『犯罪白書』より作成

取り締まる側＝警察の動向

では実際にデータで取り締まる側の〝ウラ事情〟について見てみましょう。図5・2を見ると63～70（昭和38～45）年くらいまで、窃盗で検挙された少年数はぐぐっと下がっています。このとき何が行われていたかというと、警察の本体は学生運動と暴力団抗争に重点配備され、精力が注がれました。他方、こうした社会的事件に比べて軽微な犯罪である窃盗、横領などの取締りは手薄になります。というより、とても手が回りません。したがって、このような犯罪は検挙されなくなります。その結果、グラフは下降線をたどりました。

ところが、70（昭和45）年以降はこのような大きな社会的事件が一段落して図5・2のようにグラフは上昇に転じます。少年が急に犯罪化したのでしょうか？　もちろん違います。世論が少年の非行を見逃すなという潮流になったのです。「早期発見・取締り」という標語のもと、軽微な犯罪で少年をきめ細かく検挙し、婦人警官を増員します。この標語、どこかで聞いたことあるでしょう。そうです。「早期発見、早期治療」、医療や健康診断と同じ理屈・メカニズムです。

ここから先に学んだ「予言の自己実現」が始まります。つまり、早期発見・検挙するから、当然少年犯罪が数字の上で増えていきます。増えていくから世論は、みなさんがこのグラフに対してコメントしたのと同じように、「早く取り締まれ、何を警察はもたもたしているんだ」となります。そうすると、警察は警官を増員していっそう

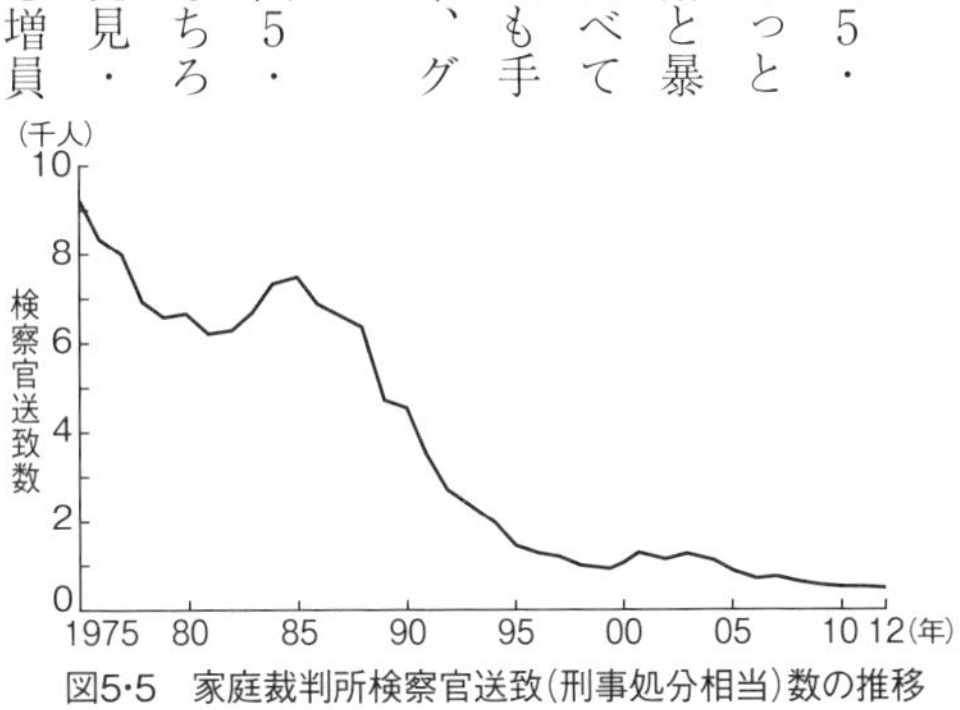

図5･5　家庭裁判所検察官送致（刑事処分相当）数の推移

（資料）『青少年白書』より作成　（1975～2012年）

きめ細かく非行少年をあぶりだしていきます。この繰り返しが、グラフに現れています。

何度も言いますが、殺人などの凶悪犯罪は減っています。それにもかかわらず、軽微な犯罪の人数のみが増えていくフシギな現象が起きています。こう考えれば、警察が取り締まりに力を入れた犯罪の種類において、検挙人数が増加するのは当たり前といえるでしょう。

ラベリングと予言の自己実現

しばしばマスメディアでいわれる「犯罪の低年齢化」はじつは間違っていて、少年たちを取締る側（警察、大人一般）の〝眼〟が低年齢に向いてきたともいえるでしょう。データは何ひとつ間違っていません。わたしたちの思い込みをじつにうまく利用しているわけです。あるストーリーに乗せられる危険性がここにはあります。

このようにラベリングはことばを情報として伝達させることによって、ある人がどのような人物であるかを特徴づけます。ただし、ことばには物事の視野をカメラのレンズのようにフォーカスする働きがありますが、それ以外のものを見えなくしてしまう機能も果たすのです。ことばのもつ魔力は、いわば両刃の剣と考えることができるでしょう。

井上俊・大村英昭編
『社会学入門』改訂版
放送大学教育振興会　1993

第6回

葛藤

ダブル・バインド

不条理な世界
メタ・メッセージ
精神疾患の患者さんからみた「ふつう」の世界の怖さ
「どうぞごゆっくり」
声を聞かせてください

不条理な世界

最近、みなさんの周りで偶発的な事件が多いように感じていませんか？　犯行の動機が不純で必然性があまり感じられない事件が少なくありません。第3回で学んだ「意図せざる結果」は何らかのかたちで、因果関係の結びつきから意外な結果が導き出されるものでした。しかし最近の事件では、殺人の動機が「誰でもよかった」とか、事件の被害関係者から「なぜ殺されなければならなかったのか」という悲痛に満ちた声が聞かれます。カフカの作品に象徴されるような、平穏な日常生活をつき破る不確実かつ不条理な世界が、わたしたちの背後には拡がっています。

わたし自身もこうした不条理な事件とまではいきませんが、偶然ある出来事に遭遇したことがあります。いつものように大学へ向かうために車に乗ろうと、駐車場に向

カフカ田舎医者　DVD
山村浩二監督
SHOCHIKU　2008

かっていました。すると道路の手前から、歳は40代後半くらいの女性が歩いてきました。一見ふつうの外見ですが、近寄ってみると様子が変わっているのです。そんなに暑くもないし、雨も降っていないのに、なぜか髪と服がびっしょり濡れているのです。これはみなさんも経験があると思いますが、とても急いでいたのでわたしもそのままやりすごそうとしました。

その女性とできるだけ目を合わせないようにして通りすぎ、駐車場で車に乗り込み、道路に出ようとアクセルを踏み込むと、さきほど通りすぎたその女性が折り返して、こちらへ歩いてきました。女性を轢いてはいけないと思ったわたしは、いったんブレーキを踏んで停車しました。

すると、なんとその女性がいきなり車のドアを開けて助手席に乗り込んできて、何をするのかと思ったら、隠れるようにダッシュボードの下の隙間に後ろ向きにしゃがみこんだのです。事態をまったく把握できなかったわたしは、「ぎゃあー!!」と思わず叫んでしまいました。

気が動転してしまったのですが、女性はおそらく「乗せていってくださ……い……」と震えながら声を絞り出すように言ったのを記憶しています。

少し精神的に病んでいるのか、病院に連れて行ってほしいのか、あるいは誰かに追われているのか、判断に迷いました。エンジンを切って、警察に電話しようか逡巡していると、なぜか女性は「わかりました」と言って、ドアを開けて出て行きました。

わたしは早く大学へ行かなければと車を発進させながら、いったい女性は何を言いたかったのか、バックミラーでちらっとその女性を見ました。すると、誰に謝っているのかわかりませんが、何度もお辞儀しているように見え、それからまたふらふらと歩いていきました。

わたしにはその女性が何者で、何をしたかったのかわかりません。しかし彼女にはきっとわたしたちとは異なる世界があったはずです。女性は何かに追われているとリアルに感じていたのでしょう。わたしたちはこうした事態にどのように対処すればよいでしょうか。

おそらくみなさんは、初対面の人と話すのは少し気恥ずかしいという程度のことを除けば、家族や友人や先生とふつうに話したり、接したりできていると思います。しかし、日常生活を送ること、またそれをマニュアル化して言葉で伝えたり、覚えたりするのはじつは非常にむずかしいということがあります。

今回は、わたしたちがふだん日常生活を送るための習慣を身につけることがいかに「簡単」ではなく「むずかしい」かを、いくつかの事例をあげながら考えてみたいと思います。

ある精神病棟での出来事

精神疾患を当人の問題としてではなく、コミュニケーションの病として分析を試み

アーケードの真ん中になぜポールと植木が？
死亡事故の教訓

たベイトソンという学者さんがかつていました。そこからひとつ事例をあげてみます。

【事例6・1】　ある母親が病院へ、精神的な病から少しばかり回復した息子に会いにいきます。しかしこの母親は、じつはその子どもとの親密な関係を恐れています。その理由は、彼女に暴力をふるって棄てた（息子の）父親の影を息子に見てしまうからです。だから母親の愛情あふれる言葉の裏には、いつも後ろめたさが隠れています。

　母親は病院で会った息子に向かってつぎのように言います。「会いたかったよ、さあこっちにおいで」。ところが、息子が近づこうとした時の母親の表情のこわばりは、このメッセージが言葉どおりでないことを〝漏らし〟てしまいます。つまり、言葉に直すと「わたしはあなたをこんなに愛しているの、こっちへ来なさい」というメッセージと「わたしはあなたを愛していないから、あっちへ行きなさい」という正反対のメッセージを息子に対して発してしまいます。その結果、息子は母親を愛することも、逃れることもできない状態に陥り、再び入院するはめになってしまいます。

　わたしたちは、精神疾患の患者さんをへんなふうに見てしまう傾向があります。それはどうしてでしょうか？　おそらく「ふつう」ならばこうするはずなのに、奇異に思える行動をとっている本人がそのことに気づかないからではないでしょうか？　先にわたしが体験した女性の行動もそうです。そして精神疾患を本人の問題として考えがちです。

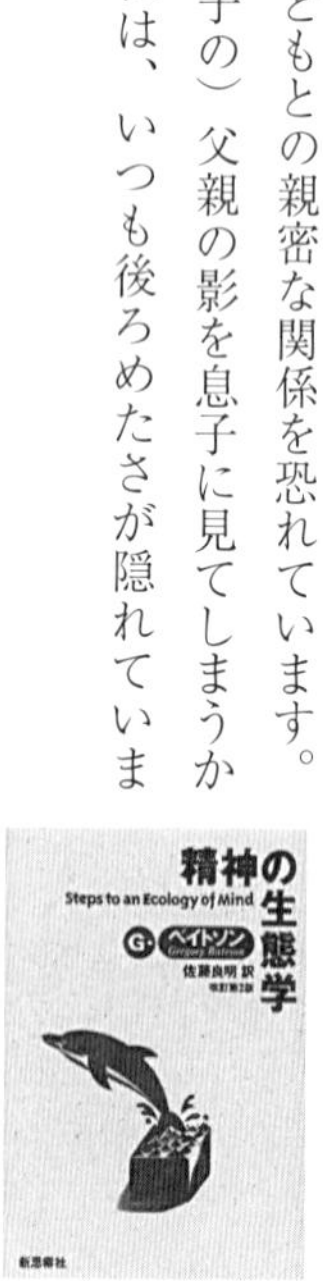

ベイトソン　佐藤良明訳
『精神の生態学』
改訂第２版　新思索社　2000

ダブル・バインド

しかしこの事例によって、わたしたちは精神疾患が必ずしも本人だけの問題ではなく、患者さんとそれを取り囲む人間の関係性やコミュニケーションの問題であることに気づかされます。このコミュニケーションの病のうち、とりわけ**2つのメッセージが矛盾して身動きできなくなる状態**を「**ダブル・バインド**」という言葉で呼んでいます。ダブルとはダブルバーガーというように二個重なっている「二重」という意味です。バインドは書類のバインダーでよく耳にするように、ものを挟む意味から「拘束」をさします。これらを掛け合わせた用語がダブル・バインド（二重拘束）です。ひとりの人から2つ（以上）の矛盾する期待をかけられ、しかもそこから逃れられず、正確な状況判断能力を失うことをさしています。

メタ・メッセージ

じつは、わたしたちのコミュニケーションは言葉だけでなく、態度・表情・雰囲気などさまざまなかたちの言葉以外のコミュニケーションで成り立っています。そして、しばしば言葉そのものよりも、後者の態度や表情などから読みとれる情報に反応して、はじめてふつうの生活を送れることが多いのです。言葉そのものを用いるコミュニケーションをメッセージ、言葉を用いずに相手に伝える、あるいは伝わってしまう後者のコミュニケーションを**メタ・メッセージ**と呼んでいます。メタとは「高次」

という意味で、前者よりも少し高い次元で交わされるコミュニケーションという意味になります。つまり、コミュニケーションには階層の違い、異なるレベルがあることがわかってきたのです。

先ほどの例でいえば、もしわたしたちが大人ならば、母親の態度を見て自分を愛していないことが直感的にわかり、逃れることが可能です。ところが、そこから逃れる術もない幼い子どもは、2つのメッセージを同じように受け取ってしまい、心的葛藤に陥ってしまいます。苦しい立場におかれた人間の防衛反応として、あらゆるメッセージに対して〝字義どおり〟の意味だけに反応していきます。これが繰り返されていくと、多義的な高次のコミュニケーション能力を失ってしまうことになります。

それでは、これからいくつかの例を用いて「ダブル・バインド」「メタ・メッセージ」について一緒に考えていきましょう。

【事例6・2】「関西人の言っていることはすべて嘘だ！」と関西人が言った

もしこの言葉を関東人が話していたら、意味が通ります。つまり関西人＝嘘つきになります。ところがやっかいなのは、括弧にある言葉（メッセージ）を関西人自身が言っていることにあります。そうすると、この人は嘘つきということになります。しかしその嘘つきの人が話す内容なんて嘘だということになり、文章としては成立しなくなります。つまり、この言葉（メッセージ）の内容が括弧を飛び出して、言葉を発している当人に降りかかってくるために、矛盾を抱えることになります。つぎはどうでしょうか？

【事例6・3】「どんな命令にも従ってはならない」と命じられる

これも同じように、命じられたとおり「どんな命令にも従わない」と、この命令自体に従ったことになります。一方、「どんな命令にも従わない」と、この命令自体にも従えなくなります。命令の内容に従ってよいのか、命令を発している人に従ってよいのか、わからない状況に追い込まれます。

つぎはみなさんがよく家で親に言われることではないでしょうか？

【事例6・4】「もっと自主的になるべきよ」と母親が言った

もしこの命令に従って息子が自主的に行動すれば、すでにそれは息子が母親の命令に従ったことになります。命令者である母親は、相手が自分の命令に対して服従すること自体にいらだっています。そのため、この命令は形式的に服従することも、しないこともできないわけです。息子はこれをメタ・メッセージであると理解しない限り、的確に対処することはできません。

【事例6・5】「授業中寝ていてもよい」と先生が言った

やさしい先生の言外のメタ・メッセージは、じつは寝てはいけませんという意味になります。このメタ・メッセージを受け取れないと、**空気を読めない＝KY**になってしまいます。

授業中寝ている生徒が多い場合、「あぁ、みなさん眠いのだろうな、寝かせてあげ

KYな学生

ゼミ開始
いちおう聞いているふり

よう」と思うのは、よほど人がいい先生です。寝る行為から漏れ出てしまうメタ・メッセージは「先生の授業は面白くない」と同じなのです。それを勘違いして生徒思いのことを考えていると、生徒からその先生は「良い先生」と呼ばれるはずです。ところがここでもほめられていると思ったら、大間違いです。この「良い」とは人格的にすばらしい、という意味ではありません。生徒にとって「都合の良い」人間で、その言外の意味は「軽蔑」です。ここでもまったく逆の意味になるのです。

　わたしたちが日常生活を営むためには、この言葉にならない**メタ・メッセージをすばやく的確にキャッチする**必要があります。なぜなら、この隙間にこそ、発せられた言葉の本音が隠されている場合が多いからです。わたしたちのコミュニケーションは多重放送のように、何層にもわたるメッセージの意味を同時に取り交わすことができるしくみになっています。

カワウソのじゃれあい

　このように、人間は多義的なコミュニケーションを行いますが、動物も階層の異なるコミュニケーションを行っています。たとえばカワウソをじっと観察してみると、子ども同士が噛みついている様子は一見攻撃行動のように思えますが、相手を傷つけるところまではいっていません。じゃれあっているという表現が適切かもしれません。噛みつくのでも、敵意を表すのではなく、「これは遊びだよ」というメタ・メッ

20 分経過
おしゃべりを始める

40 分経過
マンガや iPod にふける

セージをお互い取り合っているのです。これを噛みついたと受け取って怒ってしまうと、ほんとうの殺し合いになってしまいます。

つまり噛みつく動作には、相手を殺すのとは正反対の、**親しみを込めた意図**があるのです。しかしこの2つの階層をごっちゃにしてしまうと、どっちをとっていいのかわからなくなって、心の葛藤を感じてしまいます。つぎの事例を見てみましょう。

「どうぞごゆっくり」

【事例6・6】 ある家をお客が訪問していて、その家の主人が、1時間くらいたってからお客に「どうぞごゆっくりなさってください」と言いました。みなさんがお客で、このように言われたらどのようにするのがよいでしょうか？ ヒントです。「どうぞごゆっくりなさってください」と言った後に主人はちらっと腕時計を見ました。このお客に主人は何やらいらだちをもっているようです。なぜでしょうか？

主人の言葉に甘えてゆっくり長居をしてしまう。このように答えた方は、メッセージどおり受け取ったことになります。ところが、主人が腕時計を見た理由を、時間を知りたいからと答えてしまっては、空気を読めません。時計を見ることは、「あの人はほかに何か用事があるのだな」と相手にさりげなく伝える方法なのです。露骨に言えば「早く帰ってください」というメタ・メッセージを受け取れれば、「わかってい

1時間経過　爆睡
（この続きは41ページへ）

るなあ」ということになります。言葉とはまったく逆の意味になってしまうから怖いのです。

【事例6・7】 友達同士などのさりげない会話で「おまえはバカだなぁ」という表現をしばしば使うことがあります。この言葉に対して字義どおりに受け取って怒ってしまっては、コミュニケーションを楽しむことはできません。たいていの場合、親しみを込めた表現となっているのです。

ところが、精神疾患を抱えている患者さんにはこのことがわかりません。そしてこの類のコミュニケーションはマニュアル化できないのです。仮に「おまえはバカだなぁ」と言われるのは愛情を込めた表現なので、その時は微笑むとマニュアル化したとしましょう。しかし、ほんとにバカだと言ってきた相手に対して微笑んでしまうと、ますますバカにされます。ふつうの日常会話を楽しむことは、なかなかむずかしいことなのです。

精神疾患の患者さんから見ればおそろしく複雑な世界にみなさんは身をおいて、それを「ふつう」に日常生活としてこなしているのです。最後に精神疾患の疑似体験をすることでまとめていきましょう。

声を聞かせてください

ひとつのたとえ話をします。みなさんも自分だったらどのような行動をとるか、想

ゴッフマン　石黒毅訳
スティグマの社会学　改訂版
烙印を押されたアイデンティティ
せりか書房　2001

像してみてください。

【事例6・8】 公園のベンチの横に木があって、そこに箱が置いてあります。その箱に「ただいま公園の環境整備を行っています。あなたの声を聞かせてください」という貼り紙がありました。それを見た精神疾患の患者さんは何をしたでしょうか。

箱の穴に向かって、声を発したのです。笑うかもしれませんが、本人は本気です。なぜならば貼り紙にそのように書いてあるので、「正しく」行っただけなのです。もうみなさん、どうするかわかっていると思いますが、この場合、正しくは紙に公園整備に対する要望を書き、その紙を二つ折りにして箱に投函します。

みなさんはこれら一連のことをどこで学んだのでしょうか？ 学校では習いません。家でも習いません。しかしわたしたちは知っているのです。もとより公園の貼り紙を見ても無反応で素通りするのが日常生活としては正しい、ということも。

しかし、このことを経験として学んだ精神疾患の患者さんは「声を聞かせてくださいと言われた時には、紙に公園整備の要望を書き、その紙を二つ折りにして箱に投函します」と覚えます。ところがあるとき、この患者さんは声が出なくなり、耳鼻咽喉科を受診し、医師に「声を聞かせてください」と言われました。患者さんはどのような行動をとったでしょうか。紙に要望を書いて医師に渡したのです。

同じ言葉でもシチュエーションによって、適切な対応が変わってくるのです。わたしたちの日常生活はじつはむずかしいことがこれらの事例からわかります。

お客様の声 Box

演技

役割演技

サトラレないための演技
印象操作
日常にあるサトラレ現象
電車のルール
役割期待
ペルソナ（仮面）で成り立つ社会

クロサギ

詐欺をテーマに扱ったマンガ、TVドラマに『クロサギ』があります。これは善良な市民をだます詐欺師を、かつて詐欺のカモにされて家族を失ってしまった主人公の青年黒崎が詐欺師（クロサギ）となってだまし返すというドラマです。このだまし合い、化かし合いはみものです。

詐欺師は、「二重の世界」を生きています。ひとつは世間と呼ばれる社会空間です。倫理や道徳をかねそなえ、わたしたちが生活を営んでいる日常空間です。もうひとつは、自分（たち）で状況を演出した虚構の現実（社会空間から区別された世界）です。ふつうに生きているわたしたちは、前者の世界でほのぼのと生活しています。詐欺師は自分が演出した後者の世界を「一見それらしくみえる」ようにするために、

『クロサギ』1〜20
黒丸／原案　夏原武
ヤングサンデーコミックス
小学館　2004〜08

前者の社会空間の表層をよそおいます。ただし両者の境界はそれほど明確ではなく、現実として構成するためには境界をできるだけ溶かす必要があります。いわば自分もだませなければ、詐欺としても成功しないことになります。

イタリアの好色男として知られるカサノヴァは、あれこれ策略を弄して純真な田舎娘を誘惑しようと、オカルト術の権威になりすまします。真夜中に彼は魔術師の服を着て、地面に円を書き、これは魔法の円であると告げてぶつぶつと呪文を唱え始めます。ところがまったく予期しない事態が生じます。にわかに嵐がまき起こり、稲妻が光り、雷鳴が轟きわたったのです。

驚いたのはカサノヴァで、この雷嵐が単なる自然現象にすぎないこと、そして彼が呪文を唱えた時に起こったのは偶然であることをよく知っていました。それでも彼がパニックに陥ったのは、この雷嵐は自分が神を冒瀆《ぼうとく》して魔法をもてあそんだことに対する天罰である、と信じたからです。彼は無意識に自分の描いた魔法の円に飛び込み、ほっと安堵します。「わたしは恐怖に囚われ、魔法の円の中にいれば雷に打たれないであろうと確信した。この贋《にせ》の信仰がなかったら、あの場所に一分たりとも留まることができなかったろう」と言いました。要するに、彼は自分の詐欺のカモになったといえます。ミイラ捕りがミイラになったのです。詐欺は自分自身も欺かなければ成り立たない世界なのです。

クロサギ　DVD
原作　黒丸・夏原武　小学館
石井康晴監督　山下智久主演
クロサギ製作委員会　2008

サトラレ

少し前になりますが、『サトラレ』という映画がありました。原作はマンガですが、TVドラマにもなったので知っている人もいるかもしれません。サトラレとは、乖離《かいり》性意思伝播過剰障害という病気をもった人です。もちろんこれは「フィクション」です。

サトラレとは、自分の思っていることを言葉にしなくても周りの人にすべて筒抜けになってしまう、1千万人に1人の確率で生まれる病気をさします。この人びとは知能指数が高く、政府は国家財産として、サトラレ自身にサトラレないように保護します。そのためサトラレは、自分がサトラレであることに気づきません。

サトラレは恋もできません。なぜなら自分が考えていることが全部半径10メートルにいる人すべてに伝わってしまうからです。Hなことや悪口などが全部漏れてしまうのです。相手はたまったものではありません。なので、ドラマの主人公である里見健一は今まで彼女ができたことがありません。しかも、彼は医者をめざして国家資格を取得します。しかし、これはとんでもないことです。患者の病気が重篤であった場合、その情報が患者にすべて開示されてしまうからです。これは患者にとってはこのうえなく怖いことです。

この物語はフィクションですが、もしフィクションではなく「事実」だとしたらどうでしょうか。主人公であるサトラレは、自分はふつうの人間でふつうに暮らしてい

『サトラレ』佐藤マコト
モーニングKC1〜8
講談社　2001〜05

ると思っています。当たり前ですが、自分がサトラレだと知ってしまうと、安心して暮らしていけません。思ったことが即座に周りの人たちに伝わることは、本人にとってもっと怖いことになります。ところが彼が平凡に生きているのは、彼がサトラレだと気づかないように、周りが**観客（オーディエンス）として演技（パフォーマンス）している**結果なのです。わたしたちをサトラレに置き換えてみた場合、どうでしょうか？　わたしたちが多少のつまずきがあるものの、ふつうに暮らしていけるのは、じつは周りの人たちの協力によって演技してもらっているからです。このように言い換えてもいいように思います。

　わたしの単なる妄想ですが、幼稚園の時にお風呂に入っていてこれと似たようなことを考えたことがあります。みんながわたしのためにそれぞれ役割をもって演技しています。わたしが死んでお葬式が終わった後に、みんな「金菱のためにほんと疲れたなぁ」と言って、演技をやめるのではないかと思いました。もちろん、本人は死んでいるので検証できません。サトラレが暗示していることは、本人が周りの人たちに演技をしているのかと尋ねても、サトラレないために「何バカなこと言ってるの」と一蹴されるだけなのです。どこまでいっても、現実が演技であることを検証することはできないのです。

サトラレ　DVD
原作　佐藤マコト
モーニングKC　講談社
本広克行監督　安藤政信主演
サトラレ対策委員会　2004

日常生活を滞りなく送る技法

『サトラレ』のドラマのなかではわざわざ目に見えるかたちで演技をしていましたが、サトラレはわたしたちの日常生活にも案外通じることに気づかされます。たとえば、受験生は親の目の前では勉強している「ふり」をします。学生も同じです。講義中先生に「これはなんですか?」とふいに質問されると、じつは「聞いていませんでした」とは答えられません。どうするかといえば、顔は先生に向けたままひそひそ声で「あの先生は何を質問したの?」と隣の人に聞いてその場をしのごうとします。これは日常生活を滞りなく送るための技法といってもいいかもしれません。

あるいは、医師は患者の前でつねに自信のあるふりをします。こうしたふりは必ずしも相手に自分をよく見せようという利己心からではありません。逆のことを考えてみましょう。もし医師が患者の前で自信なさそうな態度をとるとどうなるでしょう? ほんとうにこのお医者さんは大丈夫かなと心配になってきます。医師が自信のあるふりをするのは、自分のためだけではなく、患者に対する一種の配慮行動といってもいいでしょう。これを社会学では「印象操作」と呼んでいます。印象操作とは、「他者」から見た自分の姿が望ましいものになるようにコントロールする行動をさします。早い話が「ふりをする」「よそおう」ということです。

先生は講義中ふいに質問する

日常にあるサトラレ現象

みなさんが理容室や美容室に髪を切りに行くと、美容師さんの印象操作がさりげなくなされることがあります。髪を整え終わった後にこれで終わりかと思うと、必ず数回数本の髪を切ってくれます。この行為には髪を整えるという意味はありません。これだけ細かく顧客に対して配慮しているのだという印象を顧客に与えるために行うのです。

また、人は全体の秩序を壊さないよう場を維持するために演技します。たとえば、メジャー・リーグの審判は、大げさにジェスチャーをします。審判はたとえセーフかアウトか自信がなく迷った場合においても、瞬時に判定を下さなければなりません。それは審判が試合のゆくえを握っているからであり、場を維持していくためにさも自信ありげにふるまうのです。

不関与のルール

しばしば都会の人は冷たいといわれますが、それは違います。もし都会でみんなに対して温かくふるまっていたら、いくつ身体があっても足りません。日々見たこともない人たちとわたしたちは出会います。その人がほんとうに信頼できるかどうかもわからないし、こうした無数の見知らぬ人と出会う時に、いちいちその人たちと関わらない、リスクを避けるためのルールをわたしたちはもっています。それが「不関与の

ルール」と呼ばれるものです。たとえば、男性ならわかると思いますが、アダルトビデオの店内で客同士が会話や身体的な接触をしないのはもちろんのこと、視線を合わせることもありません。そのことによって、お互いの体面やプライバシーを守ることができるのです。

もうひとつ例をあげると、電車の座席もそうです。絶対に隣から順番に詰めて座らないですよね。もし空いている席を隣から詰めていくと、この人はなんでくっついてくるのかと相手にへんな誤解を与えてしまいます。不快なのです。こうしたリスクを軽減するために、電車は空いている席から座って、わたしとあなたとは「無関係」です、と暗に相手に示してあげるのが、エチケットなのです。

都会では、お互いが関与しないことを相手に提示することではじめて個人のプライバシーが尊重され、人びとはそこに自由を感じます。有名な話ですが、京都の鴨川沿いでは等間隔に並んでカップルが寄り添っています。これも鴨川がデートスポットであることをカップルがお互い認識したうえで、しかもそれぞれのカップル同士が干渉しないように、見事なまでにきちんと距離をとっているのです。

役割演技・役割期待

わたしたちは、その場の雰囲気にあった役割を演じています。これを役割演技といいます。ひとつの役割だけでなく、複数の役割が期待される場合もあります。たとえ

鴨川名物カップル

電車は間を空けて座る

ば患者に対する医師の役割です。

医師には、じつは2つの矛盾する**役割期待**があります。第一に、患者に対して感情にとらわれずに冷静に診断することです。でなければ、「いい加減だ」とか「やぶ医者」と批判されかねません。とくに女性患者の場合には、対応を間違えると「いやらしい」と思われてしまいます。

その一方で医師には、患者に対して同情的な関心を示すことが要求されます。医師という職業もそれなりにツライものがありますが、痛みを訴える患者に対して「それはつらかったでしょう」の一言も言えるぐらいでないと、「人情味がない」とか「冷たい」と評価されてしまいます。この2つの役割期待を同時に満たすのは困難です。この場合、医師というひとつの役割に、2つの相反する役割期待が寄せられているので、まじめな医師ほどジレンマに陥ることになります。

たとえば、授業を真剣に受けていることを先生に認めてもらいたいと願う子どもは、それだけで疲れてしまって授業どころではなくなってしまいます。外科担当のナースは看護が見えやすく患者や家族からしばしば感謝されるのに対して、内科担当のナースは患者の呼吸や顔色を観察する看護が素人にわかりにくいために、仕事中であると気づかれないことがよくあります。このように、役割の行為と表出はしばしばジレンマに陥ります。

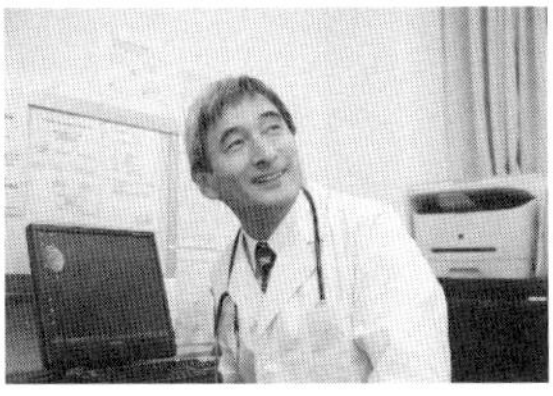

医師には冷静さと人情味の両方が求められる

ペルソナ（仮面）で成り立つ社会

一般常識では見落としがちなことが、2点ほどあります。

(1)自我、アイデンティティ、役割のいずれにせよ、自分だけで決められるものではなく、あくまで他者との関係で決まるということです。たとえば、アイデンティティも自己定義だけでは安定しません。他者の承認が必要不可欠です。だから「わたくしという現象」は、たしかに主観的には違いありませんが、本質的には社会的な現象なのです。

(2)役割というものが必ずしもよそよそしい「ペルソナ（仮面）」とは限らないということです。ときには自己実現のメディアとなることもあります。

小学校の頃にみなさんもクラス目標をつくったと思います。「みんな素直で、仲の良いクラス」といった標語です。しかし、この目標がほんとうになったら恐ろしい世の中になることを、フランスの劇作家であるモリエールさんは『人間ぎらい』というお芝居で書きました。

主人公アルセストは「わたしのおもな才能は率直で誠実である」と自ら公言し、誰に対しても自分がほんとうに感じ、信じるとおりのことをズバズバ言いました。ところがその結果、彼は人とのコミュニケーションができなくなり、周りのヒンシュクを買い、社会からつまはじきにされていきます。

このことから、モリエールさんはつぎのことをわたしたちの社会のしくみとして描

モリエール　内藤濯訳
『人間ぎらい』
新潮文庫　1952

き出します。つまり、「わたしたちの社会生活はある種の虚偽、ある種の不誠実のうえに成り立っている」というものです。このようにさまざまな事例を考えてくると、あながちサトラレがフィクションであると断言しにくいと思いませんか？

まとめ

ふつう日常生活と演技は切り離して考えられます。しかし、ここで面白いのは、日常生活はすでに演技という側面を多分に含み、**ドラマ**そのものだという視点です。心理学はひとりの個人はどのようなことを考えて動いているのだろうかという人格・心理の「中身」にせまります。一方、社会学は周りにいる人を観客（オーディエンス）と見なすことで、中身の分析には向かわずに、演技、ふり、体面という**「外見」**に人間関係の基礎を見いだします。ほら、隣の人はあなたのためにうまく演技をしてくれているではありませんか？　あなたの考えていることは周りの人につつ抜けですよ。

「この世は舞台，男も女もみな役者」
シェークスピア　福田恆存訳
『お気に召すまま』新潮文庫　1981

第8回

家（うち）
食・結婚・家族

学校で朝食を食べよう

みなさんは朝何を食べましたか？ という前に朝食を食べていない人のほうが多いかもしれません。朝食を食べない子どもが増えています。独立行政法人日本スポーツ振興センターが05（平成17）年全国の小中学生約1万人を対象に実施した調査では、小学生の約15％、中学生の約20％が「朝食を週に2、3日以上食べないことがある」と答えています。

そのようななかで、朝食を抜くと子どもの心身の成長に悪影響を及ぼす等の観点から、朝食を給食として提供する小中学校が出てきています。アンケートでも「給食がないと困る」と答えた保護者ほど、献立表を確認しないそうです。学校給食への関心が低く、給食に依存する親が増えている実態がそこにはあります。

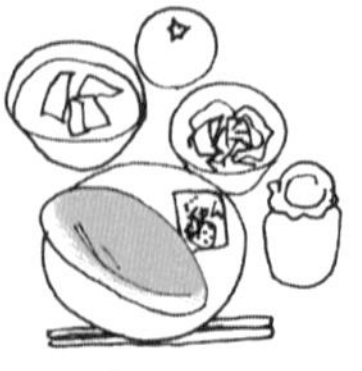

パン
クリーム煮
牛肉の炒め物
みかん
牛乳

ごはん
鮭のフライ
添え野菜
みそ汁
牛乳

ナン
キーマカレー
フルーツ
牛乳

ダイエットをしている人以外、まる1日何も食べない人はいないと思います。しかし人間の生命活動の基本なのに、食は身近で当たり前すぎて、わたしたちはなかなか考えないものです。これから紹介する岩村暢子さんの『変わる家族　変わる食卓』は、5年間にわたる調査から111人、2331の食卓日記と数千枚にのぼる食卓の写真を集め、「食」から見える社会関係・家族関係の実態を明らかにしています（以下98〜02年調査時のデータ）。その興味深い実態をピックアップしながら、いまわたしたち家族がどこに向かおうとしているのかを探っていきましょう（同書、第1〜2章、付論）。

料理をしない主婦たち

「節約のために値引き品ばかり買うようにしている」（31歳）

「肉や魚はできるだけ安いものを探して、百グラム50円台の牛肉なんかも」（34歳）

いまのおばあちゃんの世代（母親世代）は、きちんとした昔ながらの食事を作ってきたはずなのに、それを食べて育った現代主婦（娘世代）は、なぜこんなにも家族の食事に手抜きをしたり、軽視したりするのでしょうか？

【問題8・1】 食に重きをおかない現代主婦は何を重視していると思いますか？

岩村暢子『変わる家族　変わる食卓
真実に破壊されるマーケティング常識』
中公文庫　2009

【解答8・1】 家族でディズニーランドへ行くことや家族旅行に出かけることがトップにあげられます。つぎに、自分や家族の洋服・靴など衣料品や、お稽古や趣味にお金を使うというものでした。そして主婦たちが家庭の食を軽視しているのは、子どもたちは学校でいろいろ食べているから、家で多少バランスが悪くても、食べる量が少なくても、安心だと思っているからだそうです。

こうした料理をしない主婦からはトンチンカンな答えが返ってきます。

「サケ・サンマ・アジ以外の魚は見ても種類がわからない」(34歳)
「エノキの根と食べられるところの区別が分からない」(32歳)
「薄く切ることを千切りというのだと思う」(40歳)

すでに笑えない人もいるのではないでしょうか? 独身時代にほとんど料理をしたことがない女性が主婦になると、親から何も習っていないので母親世代と断絶が生じ、いわゆる家庭料理を受け継ぐことができません。それもそのはず、いま食を崩し始めている現代主婦の、その母親世代は、戦中・戦後の食糧難時代に成長期を過ごし、「昔ながらの家庭料理」を食べることができずに育った人たちだったのです。その結果、つぎのような意見が主婦から出ることになります。

「エビフライは夫も子どもも大好きなメニューだけど、作る私には面倒くさい料理なので、いつもでき合いのものや冷凍食品を買う」（35歳）

（おかずをパックのまま出し）「グリルの掃除はしたくないので、焼き魚はしない」（31歳）

「夫や子どもの弁当のおかずは冷凍食品でどんな味か知らないものも多いけど、文句が出ないからいいと思っている」（33歳）

お菓子作りに励む

時間もなく家庭料理が面倒で嫌いな女性は、一方でお菓子作りに没頭します。

「基本的に料理は好きでないけど、お菓子作りなら楽しい」（26歳）

「料理するよりお菓子作りは楽しくて好き」（32歳）

このことをわたしたちはどう考えればよいでしょうか？　特別な日に子どもとケーキを焼くお母さん、こうした手作り感が「ゆとりのある暮らし」「あこがれのわたし」のイメージ・シンボルとして浮かび上がってきます。

岩村さんは主婦層には年代によって断層があることを発見します。ひとつは43歳、もうひとつは34歳です（02年当時）。まず43歳前後から下の主婦の料理に共通する特

お菓子作りは楽しい

徴を「配合飼料型」と位置づけます。44歳以上の年齢の主婦層に比べて、食に対する「栄養・機能志向」が強いといいます。つまり、全体の栄養バランスを考えるというより、一つひとつの食材に主要に含まれる「栄養素」に還元して食をとらえるというものです。そして、34歳前後から下の主婦は「単品羅列型料理」を志向します。34歳以上の層に比べて、食材や調理に関して基本的な技術・体験、食への知識や関心が低いといいます。

ではこういう断層はなぜ生じたのでしょうか？　岩村さんは中学・高校の戦後50余年の家庭科の主要教科書をすべて集め、分析したところ、主婦たちが中学校で受けてきた家庭科教育と密接な関係があることを発見します。つまり、学習指導要領の「技術・家庭」教科書の改訂・改変と、食への関心の変化が奇妙な一致を見せることを発見するのです。

家庭科教育（＝家庭科の教科書）では、43歳前後の主婦が中学生だった頃に、技術重視から消費生活教育、食の栄養バランス重視へと移行し、34歳前後の主婦が中学生だった頃に、男子は大工仕事などの技術科、女子は家庭科といった男女別学から、男女共修、相互乗り入れの試みが始められます。そのなかで学習内容が簡素化し、調理時間が削減され、男子も楽しく作れる菓子やデザート作りを学んでいくことになります。こうしたゆとりのある暮らしを楽しむ「個食中心」の教育が重視されていく時期と、34歳前後の主婦たちの年代が合致します。

単品羅列型料理

家族って何？　感情の結びつき

これまで見てきたように、現在家族のあり方は、一家団らんに象徴される集団単位から個人単位へ、変貌をとげようとしています。ここからは基本に立ち返って家族のあり方を俯瞰的に見てみましょう。

【問題8・2】 まず、自分の家族構成を以下のように系図にしてみましょう。つぎに、「家族とは～である」という程度の定義を書いてみてください。

【解答8・2】 学生の解答例は下のとおりです。このようにわたしたちの家族イメージの中心にあるのは、おそらく人間にとって不可欠の安らぎを与えてくれる、**愛情に満ちあふれた場**というものではないでしょうか？

『広辞苑』によると「家族」は「夫婦の配偶関係や親子・兄弟などの血縁関係によって結ばれた親族関係を基礎にして成立する小集団。社会構成の基本単位」であり、『社会学事典』によるとさらに「感情融合を結合の紐帯《ちゅうたい》としていること、ならびに成員の生活保障と福祉の追求を第一義の目標とすることにその基本的特徴がある」というふうに**「感情の結びつき」**を重要な特徴としています。

高校レベルだと、はいこれを暗記しましょうという話になります。一見すると、ふんふん、たしかに自分の家族にも当てはまるし、わたしたちにとって家族の深い情愛はあたかも、人間がもって生まれた「自然」で、太古以来人間が人間である限り不変

【解答例】

①家族とは，血のつながりがあって，家族団らんというように温かいものである。

②家族とは，お金に代えられない愛情に包まれたものである。

【家族構成】

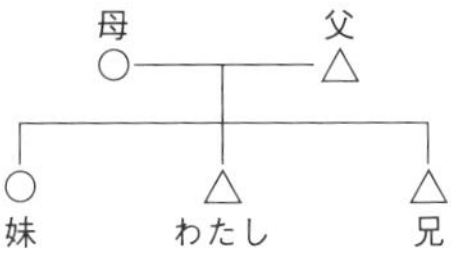

（普遍）であるようにみえます。このことを疑うことすらタブーにしてきたわけです。うちの家族はケンカばっかりでこの定義に当てはまらないということとは別に、家族とは本来このようにあるべきだという強く拘束された意識があります。これを**家族の規範意識**と呼びます。

しかし、歴史をひもとけば必ずしもそうではないことがわかってきます。親子や夫婦の親密さや情愛に満ちた家族像は、必ずしも普遍的に存在していたわけではなく、近代にいたる社会経済的な変化のなかで「つくられてきた」ものなのです。エッなんで？　太古の昔から家族は変わっていないのでは？　と思うかもしれません。

そこで、みなさんにとって、なじみのある話題から入っていきましょう。恋愛結婚か、見合い結婚かというお話です。

恋愛結婚と見合い結婚

【問題８・３】恋愛結婚と見合い結婚、どちらが歴史的にみて古いと思いますか？古いと思うほうに○をつけてみましょう。と同時に、みなさんはまだ結婚していないと思いますが、恋愛結婚と見合い結婚のどちらがよいか、なぜそちらのほうがよいと思うのかを、簡単に書いてください。

【解答８・３】日本の戦前から現在まで、恋愛結婚と見合い結婚の割合の変化を表

どちらが古い？
恋愛結婚　・　見合い結婚

どちらがよい？
恋愛結婚　・　見合い結婚
理由：

したのが下の図8・1です。このグラフを見ると、やっぱり恋愛結婚のほうが自由に結婚相手を選べるので、「今風のはやりの結婚」（ロマンチック・ラブ）のようにみえます。それに対して、お見合いは「伝統的な結婚」のあり方で、古臭いように思えます。

　このように多くの人が誤解すると思うのですが、事実は違います。もちろん明治以前は統計資料はないのですが、歴史をさかのぼっていくと、日本の村落では未婚の男女が若者組と娘組に別々に組織されて共同生活を営んでおり、その中で男女が出会い、夜這いなどで恋をして、結ばれることが記録に残っています。そこでは、結婚は家とは必ずしも結びつかず、恋愛結婚が一般的でした。ただし、これはおもに農民の大多数の話であって、武家や村の長（庄屋）など村の支配層には結婚相手を選ぶ自由はありませんでした。なぜでしょうか？

　一言でいえば、彼らには「家《いえ》」の存続がもっとも大事なことだったからです。たとえば、A家は村の庄屋で、残念ながら跡取り息子がなく、娘だけだったとします。そこで、娘の結婚相手を決めなければなりません。幸運なことに村には意気軒昂な2人の若者がいて、ひとりは右左衛門、もうひとりは彦左衛門です。さあどっちを選ぶでしょう？

　ここで説明が必要です。右左衛門はたしかにイケメンでかっこよく、健康で申し分ありません。けれども……ちょっと頭のできが悪いわけです。それにひきかえ彦左衛

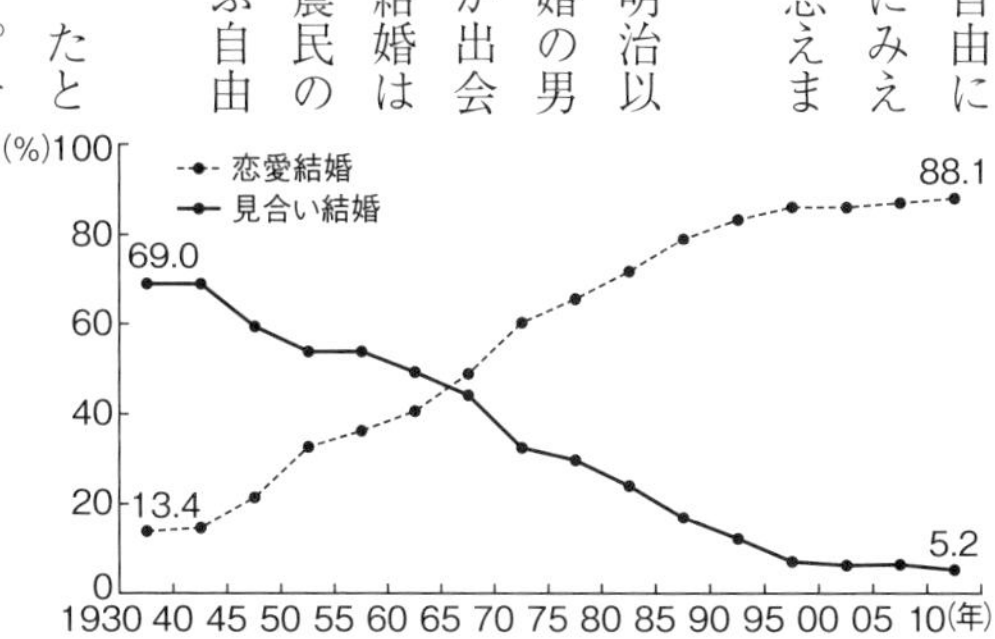

図8・1　恋愛結婚と見合い結婚割合の推移（1930～2010年）
（注）初婚同士の夫婦
（資料）国立社会保障・人口問題研究所『出生動向基本調査』

門のほうは、顔はいまいちだけれども頭の回転は速い。これは間違いなく後者の彦左衛門を取ることになります。それは夫婦ふたりの幸せよりも、その村全体の将来のほうが大事だからです。その家が潰れることは、村全体を不幸にすることになります。したがって、リーダー要請の見地から、武家および村の支配層では見合い結婚が一般的になります。

ふつうの人は昔から恋愛結婚

みなさんが誤解するのも当然です。その原因のひとつは、歴史の教科書の問題です。どういう視点で書かれているかといえば、それぞれの時代の「支配する側」のことしか書いていなくて、その他大勢の「ふつうの人びと」のことは何も載っていません。ふつうの人のことは学校ではいっさい習わないことになっています。習うのは、年代と名前がしっかりしている、たとえば、「いい国（1192）つくろう鎌倉幕府」というように、将軍である源頼朝さんが何々をしたという歴史的事象です。大河ドラマなどテレビで見るイメージから、このようなお武家さんの生活を自然に知ることになります。当然、彼らの結婚は政略結婚など家の存続を目的にした見合い結婚になり、当時あたかもすべての人がそうやっていたかのような錯覚を起こすことになります。しかし、ふつうの人は昔から恋愛結婚だったのです。

そしてもうひとつ誤解を生じさせる原因は、明治時代にあります。江戸時代までは

上野千鶴子
『近代家族の成立と終焉』
岩波書店　1994

ふつうは恋愛結婚だったのですが、明治時代になると武家をモデルにして、戸籍と家（戸主権）を絶対的と規定する民法が制定されます。見合い結婚はひとつのブームとして、つまりいまとはちょうど逆で「いや、あんたのところまだ古臭い恋愛結婚なんかやってるの、うちら、いまはやりの見合い結婚やで。ええ婿はんもらった」というふうに、新しい婚姻のあり方として定着していくことになります。

このように歴史上、見合い結婚から恋愛結婚に移行したのではなく、逆に恋愛結婚が次第に行われなくなり、見合い結婚にとって代わられた後、再び恋愛結婚に戻ったというからくりがあります。

女性は社会進出したのか

ここからは落合恵美子さんの『21世紀家族へ』という著名な本に即して、データも引用しながら考えていきます（同書14～22、54～57、78～85ページ）。まず、みなさんになじみの深い、結婚―家庭―職業を、ひとつのラインにつなげていきます。

女性の年齢別労働力率のグラフを示したものが、つぎの図8・2です。15歳以上の年齢層の女性を100％として、そのうち何％が働いているのか（失業中も含む）を示したものです。年齢別に算出した値を結びつけていくと、それが年齢別女子労働力率、通称**「M字型曲線」**になります。なぜM字なのでしょう？　未婚の時は多くの女性は働きますが、寿退職や出産退職で家庭に入ります。そして子どもが手を離れる

落合恵美子『21 世紀家族へ――家族の戦後体制の見かた・超えかた』（第３版）有斐閣選書　2004

と、また外に働きに出るというわけです。女性が働く年代は山が2つあって真中がへこんでいるので「M」字型と呼ばれています。すべての国がM字かというと違っていて、近年は台形になる国が多くあります。

このように説明しているあいだも、「わたし的にはこれからどうなるかしら」とか考え、それから図の曲線を指で追って、そうか、30歳ぐらいで仕事をやめて、40歳になったら再就職して、50歳ではこうなる、と想像をめぐらせている人もいるかもしれません。でもこんなふうにはいきません、と落合さんは言います。

どういうことかというと、たとえばCグループのグラフを使って説明しますと、いまみなさんが19歳とすると、38%ぐらいの人がその時点で働いています。43歳ぐらいになったらどうなるだろうと、Cのグラフを追っていくと、ちょうど70%の人が働いていますね。

ところがそうではなくて、この数字はいま現在のみなさんのお母さんより少し上の世代の女性が働いている比率なんです。そのことを表しているのが図8・2です。このグラフをよく見ると、AからEまでグループに分かれています。これは順に

A　26〜30（昭和元〜5）年生まれ
B　36〜40（昭和11〜15）年生まれ
C　46〜50（昭和21〜25）年生まれ
D　56〜60（昭和31〜35）年生まれ

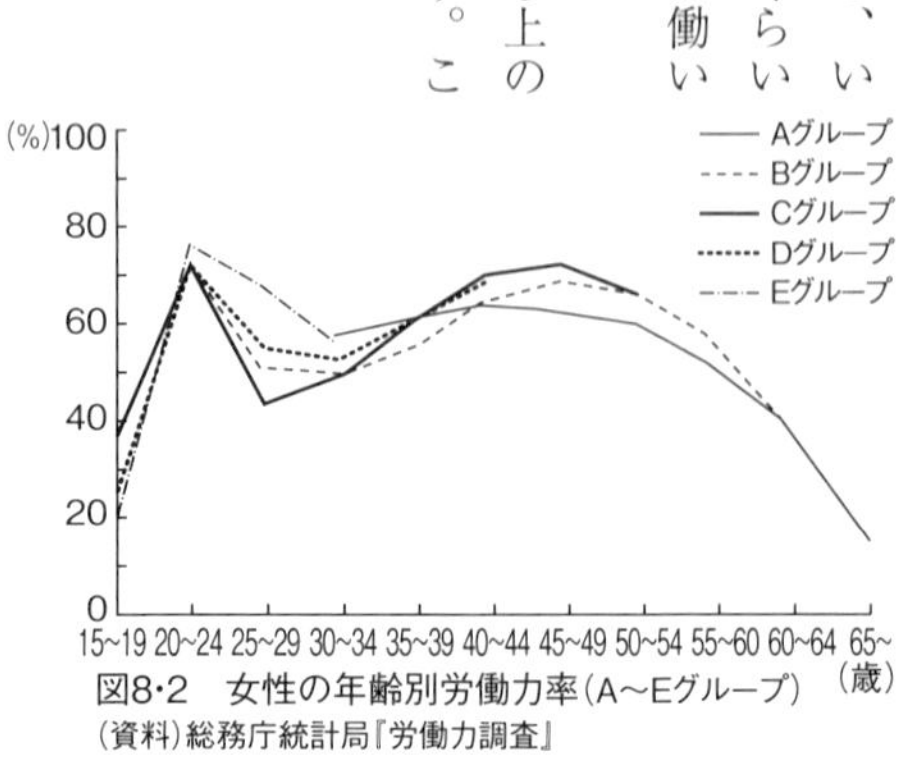

図8・2　女性の年齢別労働力率（A〜Eグループ）
（資料）総務庁統計局『労働力調査』

（出典）落合恵美子『21世紀家族へ』（第3版）17頁より作成

E　66〜70（昭和41〜45）年生まれに当てはまります。Cグループは46〜50（昭和21〜25）年生まれですから、10（平成22）年時点で60〜64歳の人です。いわゆる団塊《だんかい》の世代の女性ですね。この人たちのM字の切れ込みが深い。すなわち底が深ければ深いほど、専業主婦の割合が高くなります。ここで不思議なことがわかります。

男女同権の時代になって女性が社会進出したといわれています。このイメージからわたしたちは戦後、専業主婦である女性の比率が徐々に減って、逆に働く女性が増えて、その傾向が顕著になっているように思い浮かべがちですが、実際はそうではないことがわかります。

専業主婦になるのは夢!?

まとめると「戦後、女性は社会進出した」のではなく、「戦後、女性は主婦化した」のです。もっとわかりやすくいうと「女性はどんどん結婚・出産・育児期に家事に専念し、家庭にこもるようになってきた」ということです。このからくりは、産業構造が変化したことにあります。簡単にいえば、農家の嫁、商店のおかみさんとして男性と共に働いていた女性が、サラリーマン社会への転換と同時に家庭に入る（専業主婦化）ことになったわけです。

そして、もう一度グラフを見ると、M字の底はCの団塊の世代までだんだん深くな

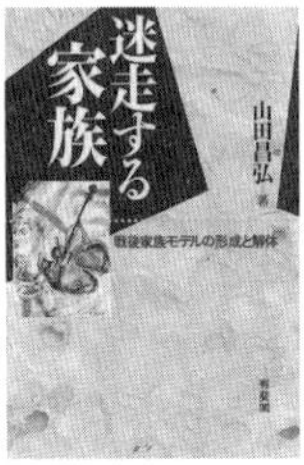

山田昌弘
『迷走する家族
戦後家族モデルの形成と解体』
有斐閣　2005

った後、どうなったでしょうか？　その下の世代（50～54歳）では、M字の底が前の2つの世代よりも上になり、さらに40～44歳ははるか上方へ移動していることがわかります。団塊の世代がもっとも家庭に入った割合が高く、その後の世代は育児期も働く割合が増えたことになります。

落合さんはこの変化を「現在の若い女性はお母さんと同じようには生きられない」とまとめています。

きょうだいは何人？　2人っ子革命

つぎに子どもの数に着目したのが、**表8・1**です。女性の出生児数（生涯に産んだ子どもの数）別の割合です。この表を見るとすごいことがわかります。

大正4（1915）年以前に生まれ、生涯に4人以上子どもを産んだ女性の割合は7割近くにのぼっていました。それから昭和一ケタ生まれになると、平均2・3人です。これを落合さんは「2人っ子革命」と名づけています。これはたんに「少子化」というだけでなく、もうひとつの要素が加わります。少子化というと子どもを産まない人が増えたと思われがちですが、そうではないわけです。

もう一度表を見ると、結婚して子どもを産まなかった女性は明治生まれでは1割以上いたのに、昭和1ケタ生まれでは3％台に減っています。つまり、少子化だけではなく、急速な「画一化」が進んでいく時代に突入します。そして子どもの数について

表8・1　女性の出生年別出生児数割合（％）

女性の出生年＼出生児数	0人	1人	2人	3人	4人～	平均出生児数
1890年以前（明治24年以前）	11.8%	6.8	6.6	8.0	66.8	4.96
1891～95　（明治24～28）	10.1	7.3	6.8	7.6	68.1	5.07
1896～1900（明治29～33）	9.4	7.6	6.9	8.3	67.9	5.03
1901～05　（明治34～38）	8.6	7.5	7.4	9.0	67.4	4.99
1911～15　（明治44～大正4）	7.1	7.9	9.4	13.8	61.8	4.18
1921～25　（大正10～14）	6.9	9.2	24.5	29.7	29.6	2.86
1928～32　（昭和3～7）	3.6	11.0	48.0	29.0	9.4	2.33
1933～37　（昭和8～12）	3.6	10.8	54.2	25.7	5.7	2.21
1938～42　（昭和13～17）	3.6	10.3	55.0	25.5	5.6	2.20
1943～47　（昭和18～22）	3.8	8.9	57.0	23.9	5.0	2.18

（資料）『国勢調査』人口問題研究所『出産力調査』『出生動向基本調査』
（出典）同書55頁

も、子どもを2、3人産むのが当たり前という暗黙の決まりを強く押し出してくるのが戦後という時代です。「女は主婦になるのが当たり前」というような考え方の枠組み（これが先の規範意識です）、「家族とはこういうふうであらなくてはいけないという枠を押しつけてくるような家族だった」のです。

核家族は増えたが……

戦後日本の家族の変化に関して、おじいさんおばあさんのいる「大家族（拡大家族）」から、夫婦と子どもだけの「核家族」へ移行してきたと言われることがあります。落合さんによるとこの言い方は正しくありません。拡大家族がバラバラになり、核家族に分かれたという印象を与えてしまいます。

図8・3の棒グラフは、確かに核家族世帯数が1960（昭和35）年から右肩上がりに増えています。しかし折れ線グラフの核家族世帯割合はほとんど一定です。そして棒グラフの一番下の「その他の親族世帯」（大家族のことですね）を見てみましょう。1985（昭和60）年頃までほとんど変わっていません。ここでわけがわからなくなります。大家族が減らないまま、核家族が増えたのはなぜでしょうか？

落合さんの答えは単純明快です。戦前世代はきょうだいが多かったからです。親と一緒に住めるのはだいたい長男の家族です。ほかのきょうだいはその家から出れば必然的に夫婦と子どもだけの核家族になります。このようにして、きょうだいの多い世

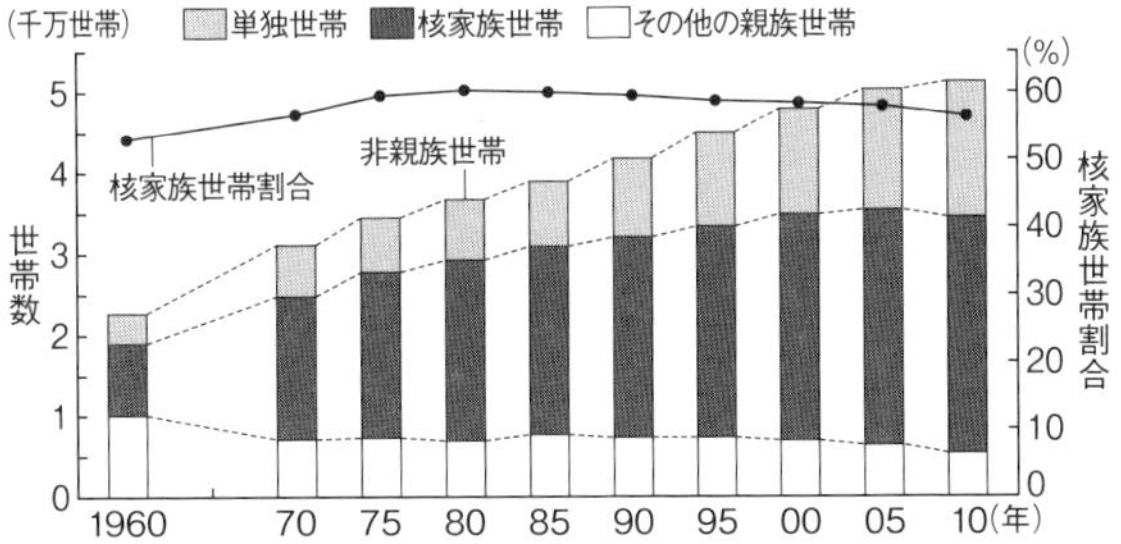

図8・3　家族類型別一般世帯数と核家族世帯割合の推移
（資料）『国勢調査』より作成　（1960〜2010年）

代が親世代であった高度成長期から１９７５（昭和50）年頃まで、核家族化が進行しました（１９８０年代以降は親世代のきょうだいが平均２人以下に変わり、核家族は微増、大家族が減少し、単独世帯が増大傾向になります）。ただし日本の家族の場合、兄貴に万一何かあれば、きょうだいが親の面倒をみるので、表面上は核家族でありながら、じつは隠れた拡大家族ともいえるわけです。

母性愛の神話

さきほども、感情の結びつきが家族の定義のなかにありましたが、じつはこれも近代につくられたものです。バダンテールさんの『母性という神話』という本の冒頭にはつぎのようなことが書かれています。

18世紀のパリで、母親の母乳で育てられた赤ん坊はほんの千人しかなく、あとの千人は住み込みの乳母の乳で育てられ、残りは母親の元を離れ、里子に出されたそうです。そうして死ぬ子どももたくさんいて、子どもが死んだと聞いてもこれであの子も天使になって天国に逝ったと平気な顔で言う母親もいたそうです。

それまで乳母に子どもを預けるのが当然だったのが、フランス革命以降に意識革命が起きました。すべての母親は「子どもに対して本能的な愛を抱く」という神話が形づくられ、「女性はまず母親であるのが当たり前」という意識が成立した、とバダンテールさんは言います。

バダンテール　鈴木晶訳
『母性という神話』
ちくま学芸文庫　1998

まとめ

「これこそ家族だ」と思っていた普遍的な家族像（2～3人の子どもを母親がたっぷりと「愛情」を注いで育てる）とは、じつは**近代家族という歴史的な存在**であり、近代家族に特有の特徴にすぎないことがわかります。家族自体、生き物のように社会に合わせて変わっていくことをこの回では見てきました。したがって、21世紀になって変わる要素もたくさんあるし、実際ものすごく変わっています。

たとえばヨーロッパでは婚外子、つまり婚姻届を出さずに子どもを産む割合が50％を超えてきました。日本はまだ2％程度です。ところが男女のミスマッチから結婚年齢が上昇（**未婚化**）、子どもが減り（**少子化**）、高齢化と相俟って単身世帯が増えつづけています。

また、日本でもペットの動物を家族の一員と考えることがむしろ当たり前になってきました。急激に家族の定義が変わる可能性があるといえるでしょう。

第9回

受苦

環境問題と公共性

暴走族と飛行機の騒音の違い
受益圏・受苦圏
空港騒音問題と公共性
コミュニティの崩壊
受苦の解決とは？

快適と不快

今回は環境問題を扱います。まずは当たり前のことから考えていきましょう。

わたしたちは、基本的に快適な生活環境を望んでいるのではないでしょうか？　人間は頭の中にイメージとして、ある環境を快適か不快かに分ける2つの「引き出し」をもっています。つまり、青空の下で小鳥がさえずる光景は、多くの人びとにとって「快適」な環境という引き出しに入ります。森からわき出るせせらぎは誰しもが「心地良い」と感じます。

一方で、「不快」だと誰もが共通にもつ感覚があります。たとえば、鼻をツンとつくような悪臭は「不快」です。油の混じった青光りのする水が川を流れていることも「不快」です。家の周囲に家庭ゴミが散乱しているのも、目にした人たちみんなにとって「不快」という引き出しに入ります。騒音も「不快」のうちのひとつです。

暴走族の爆音 vs. 飛行機の騒音

では、暴走族の爆音はどうでしょうか？　深夜みんなが寝静まっている時間帯に、バリバリとけたたましい音をまき散らしながらわがもの顔に暴走し、安眠を妨害された経験をもつ人も少なくないのではないでしょうか？　ひょっとすると、「暴走族の取り締まりをちゃんとやってくれ」と警察に通報しようと思ったことがあるかもしれません。どちらにしろ、暴走族がまき散らす爆音は、わたしたちの生活環境にとっては「不快」かそれ以上のものです。そして、騒音とは社会にとって許容できない害悪、あるいは社会的なマナーを著しく「逸脱」する迷惑行為であると、わたしたちはとらえています。

ではつぎに、暴走族がまき散らす騒音以上のやかましい音が出ていたとすれば、わたしたちはどのような評価を下すでしょうか？　社会的逸脱の度合は、当然暴走族以上になり、取締りの緊急性も騒音のレベルに応じて暴走族よりもさらに高まるはずです。原理的にはそうなのに、現実には異なる場合があります。ここが実に興味深い点です。騒音や水質汚濁や大気汚染といった**公害・環境問題**の物理的な尺度と、それに対してわたしたちが下す評価は、必ずしも一対一の比例関係になっていないことがあるのです。

具体例として、飛行機の場合を考えてみましょう。飛行機は、振動も伴うために暴走族よりもはるかにうるさい騒音源です。ひどい騒音にさらされると鼻血が出てしまう人もいます。しかし、わたしたちは飛行機の利用を社会的に「逸脱」しているとは思いません。おそらく飛行機の騒音に対するわたしたちのまなざしは、暴走族の爆音に対する厳しい目よりも、どこか「寛大」です。音の凄まじさにもかかわらず、しかたがないと思わせてしまう理由があるのではないでしょうか？　それはいったいなぜなのでしょう。

環境問題を社会学として体感する

このような感覚と認識の逆転現象、ズレの理由については、何デシベルという騒音レベルだけではなく、「暴走族の騒音と飛行機の騒音はいったいどこが違うのだろうか？」という**社会的価値づけや考え方の枠組み**にまで立ち戻ってみる必要があります。暴走族の迷惑行為を体を張ってやめさせた市民が「英雄」視された記事をたまに見ることがありますが、同じように飛行機の騒音を食いとめるために滑走路を陣取って座り込みをしたら、それは違法行為として罰せられる危険性が大いにあります。

以上のことを考えるうえで、少し遠回りになりますが、なぜ環境問題を社会学で語る必要性があるのかについて、考えてみたいと思います。もっといえば、環境問題を別に「社会学」でわざわざ学ぶ必要なんかないと思っている人も多いと思います。み

なさんは小・中・高校の社会科で学んで、公害も、あるいは地球温暖化も一様に知識として身につけていることでしょう。それで十分ではないかと思われるかもしれません。あるいは騒音を例にとれば、住宅やビルに防音装置をつけさせればすべて解決するのにと、ひそかに考えている人はいないでしょうか？

社会学は、多くの場合「意外性」を重視することは、これまで述べてきました。では、環境問題のどこに社会学が注目するような「意外性」があるのでしょうか？ 一見すると、飛行機の騒音被害を受けるのは空港周辺の住民で、加害者は「飛行機」であるように思えます。

しかし、実際には空港騒音訴訟が起こされると、誰が見ても当たり前の「被害」と「加害」の構図が崩されていきます。もしみなさんが加害者側の弁護士だとしたら、「被害」と「加害」の因果関係（原因と結果の結びつき）が成立しなければ加害者ではないと主張できます。被害者側が騒音だと主観的に思う感覚レベルではなく、厳密で「科学的」なレベルで因果関係を立証するよう、被害者側が関係当事者（多くの場合、国や航空会社）から求められることになるのです。

そうなってくると、飛行機の騒音がどのように人体に影響を与えるかという疫学的データを、何十年にもわたってこと細かに調べて蓄積しなければならず、それ自体たいへんな時間と労力を要する作業になります。そのあいだ被害者側は救済されません。

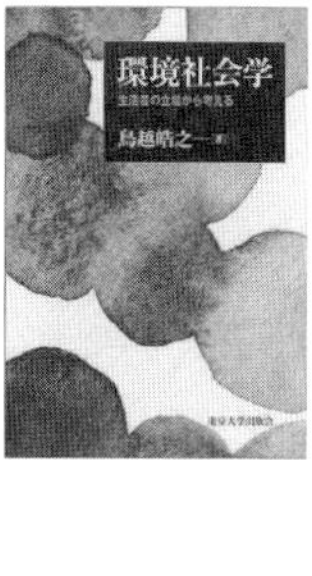

鳥越皓之『環境社会学
生活者の立場から考える』
東京大学出版会　2004

自動車公害の場合は排気ガスが原因であれば、そのような厳密な測定はほぼ不可能です。というのも、たとえ大気中の有害物質を採取してその影響が推測されても、その物質の排出者（加害者）を特定の疾病（被害者）と直接因果関係で結びつけることは、ほとんど無理だからです。

環境問題において被害者が裁判を起こすと「あいつらは補償金が目当てなのだ」と周りから言い知れぬ差別を受けることが常です。すなわち、現実の社会、現場においては、誰が見ても明白な因果関係を、さまざまなかたちで切り崩していく権力装置が用意されているのです。

「加害」「被害」から「受益圏」「受苦圏」へ

じつは社会学（環境社会学）では、一般的にいわれる「加害」や「被害」という言葉を、「受益圏」と「受苦圏」という概念に置き換えています。飛行機の利用者は日本全国に広範に散らばっていて、その利便性を享受する意味において「受益圏」に属します。他方、飛行機の騒音や振動に悩まされている空港周辺の住民は「受苦圏」に属しています。なんだ加害と被害という言葉をただたんにむずかしく言い換えただけじゃないか、中身は何も変わっていないじゃないかと思われるかもしれません。

決定的に違う点は、「加害」のとらえ方にあります。「受益圏」と「受苦圏」は、あたかもはじめから「加害」と「被害」が原因と結果として手を携えて結びついている

舩橋晴俊・長谷川公一・飯島伸子
『核燃料サイクル施設の社会学
青森県六ヶ所村』
有斐閣　2012

ような因果関係を想定していません。殺人などのように明確に人を殺す「意図」をもって危害を加える「加害―被害」のセットとは明らかに異なるからです。いわば「直接動機」にあたる明確な意図というものを、環境問題のなかに見つけ出すことができないのです。

一見すると、環境問題は西部劇のように、誰が悪人（加害者）で、誰が善人（被害者）であるかが、第三者（マスメディア）にははっきりしているようにみえます。でもよくよく考えれば話はそう単純ではありません。想像してみましょう。車に乗って排気ガスを出して、周辺の人を苦しませてやろうと思って（意図して）いる人などいるでしょうか？　人間行為の集積結果として大気汚染が引き起こされているのです。同じように、騒音をまきちらして周辺住民に迷惑をかけることを目的として飛行機を飛ばしているわけではありません。ごみ問題でいえば、ごみをたくさん出そうという目的でスーパーで買い物をする人もいません。利便性を追求した結果、問題が発生し被害を受ける人が出てくるのです。

となれば、実際に現場で起こっている環境問題は、すべからく**「意図せざる結果」**として立ち現れる不作為の問題なのです。すなわち、「加害―被害」をセットにしないで、被害者と加害者双方の**リアリティ（主観、現実感）**がそもそも異なり、切り離されているという前提に立つところが、社会学独自の考え方といえます。つまり、社会学的な眼を通して見ると、「加害」と「被害」という見方は対幻想《ついげんそう》（ペアという幻

想）であり、実際にはさまざまな力関係が存在することがわかってきます。ここがミソです。

まとめると、現実には明確な「加害」があり、それを受ける「被害」があるにもかかわらず、実際に被害を受けている人びとは、わたしたちが当たり前だと思っていたその「加害―被害」図式からすでに「切断」されていることを、「受益圏」「受苦圏」の言葉はぴたりと言い当てているのです。

暴走族と飛行機の騒音の違い

ここまでくると、先にあげた問題の解答がある程度見えてきます。なぜわたしたちは暴走族の騒音に厳しく、飛行機の騒音には暴走族よりも寛大なのでしょうか？　どちらも加害があって、被害がある点では同じですが、今度は「受益圏」と「受苦圏」の切り口から騒音を見てみましょう。

まず暴走族の騒音の場合、利益を得ている受益者は、深夜バイクや違法改造車で道路を暴走している若者たちです。そして暴走族には、けたたましい音を発して周辺住民に迷惑をかけるという明確な意図があります。本人たちだけが楽しむことを目的にしているという人もいますが、それはウソです。人里離れた山奥で思う存分走れるはずなのに、彼らは周囲に人がいないところで暴走行為はしません。つねに周りを意識しながら、迷惑行為をしているのです。

【受益圏／受苦圏】

なぜわたしたちは，暴走族の騒音よりも飛行機の騒音に寛大なのか
暴走族の場合
受益……深夜バイクや違法改造車で暴走する
　　　　明確な意図的迷惑行為　「あいつら」＝一般市民は含まれない
受苦……善良な一般市民　→　暴走族の騒音に厳しい目

飛行機の場合
受益……飛行機を利用するすべての人＝一般市民が知らずに含まれる→広域
受苦……空港周辺住民　→点
↓
飛行機はみんなが利用する「公共性」の高い交通手段なので，多少の騒音は周辺住民に我慢してもらって当然　→　飛行機の騒音に寛大

そしてもうひとつのポイントは、この受益者のなかに「一般市民」は入っていないという点です。一般市民はすべて「受苦圏」に入ります。したがって、自分たち善良な一般市民以外の「あいつら」がやっているということで、世間の目は当然厳しくなります。

それに対して飛行機の場合、「受益圏」に入るのは飛行機を利用するすべての人ですので、日本全国の国内便をはじめ、海外便の乗客を含むたいへん広域の人びとがこの範囲に属することになります。そこには、善良な一般市民が知らず知らずのうちに含まれてきます。しかも飛行機の運航や空港施設の維持管理は国によって担われており、たいへん公益性が高いとされています。

一方「受苦圏」は「受益圏」の広域さに比べて、非常に局地化された「点」といえます。したがって、みんなが利用する飛行機はたいへん「公共性」が高いので、「多少の騒音は一部の人に我慢してもらって当然」という考えがどこか頭の片隅にあります。その結果、わたしたちのまなざしは、暴走族より飛行機の騒音に対して寛大になっていきます。

公共性 vs. 住民組織

公害裁判では、「我慢できる」(受忍限度)範囲内であるとして、原告住民の訴えが退けられました。より「多く」の利用者や企業が共同に利益を得ることを「公共性」

という言葉を巧みに利用することによって、「みんな」の利益としてランクアップさせ、社会的弱者の犠牲がおおい隠されてしまいました。本来、社会の利益に「受苦」をつくらないことを含めなければならないはずですが、「受益圏」イコール「公共性」として、環境問題における公共性は安く買い叩かれてしまいました。「公共性」という言葉は、この不幸な歴史を背負い込むことになります。

このような強圧的な「公共性」の定義を国が握っているなかで、空港周辺の被害住民は泣き寝入りをしなければならないのでしょうか?

「はい、そうですか、騒音はありますが、確かに我慢できる範囲です」というわけにはいきません。「受忍限度」とは、人びとが快適に暮らせる水準ではなく、いわば「周辺住民はこれくらいの騒音は我慢しなければならない」という、その地でよりよく生きる文化的営みを認めようとしない、抑圧的な見方を含んでいます。

このような国による定義づけに対して被害住民は「自分たちも豊かな暮らしを享受する権利がある」という異議申し立てをしていかなければなりません。それも、一定の「まとまり」をもった人たちの共通意見として言わなければ、正当と見なされません。つまり地元住民をまきこんで運動を繰り広げることが必要不可欠なのです。この点については、大阪国際空港（通称伊丹空港）訴訟の運動が成功したとしばしばいわれます。

飛行機の騒音公害の場合、上空から降り注いでくる騒音に対して障害物がなく、被

金菱清「環境正義と公共性—
「不法占拠」地域におけるマイノリティ権利の制度化」
宮内泰介編『コモンズをささえるしくみ
レジティマシーの環境社会学』
新曜社　2006

害がほぼ似たようなものになります。その結果、地域全体（面）に同じような被害が広がっていくので共通の関心を呼び、町内会、自治会といった既成の住民組織をもとに運動を組織しやすい特徴があったといえます。

これに対して、**新幹線公害**の場合は、沿線住民だけが騒音を被ることになり、被害が沿線（線）に限定されます。同じ町内でも、新幹線に面した沿線の建物と、離れた建物では被る騒音は格段の開きが生じました。その結果、町内会や自治会という住民組織が「一丸となって」対応することがむずかしくなりました。新幹線沿線に住む人たちが新たに運動組織を立ち上げなければならない事態に直面したのです。

このようにして、地元住民は自治会を組織し、住民の要求を吸い上げ、それをまとめる力、あるいは行政機関と対等に交渉する力をもつようになります。それは地域の一部ではなく、地元住民の〝総意〟を示します。したがって、行政もこれを無視することができず、地元住民の請願を受けるかたちで「受苦圏」イコール被害があると認め、補償などの騒音対策がはじめてとられたのです。

環境問題の解決策

話を先に進めましょう。ではこの騒音問題を解決するために、どのような公共政策を立てなければならないでしょうか？　ここからは社会学の応用編を考えていきたいと思います。このような政策を考えることは、明らかに「～すべきである」という

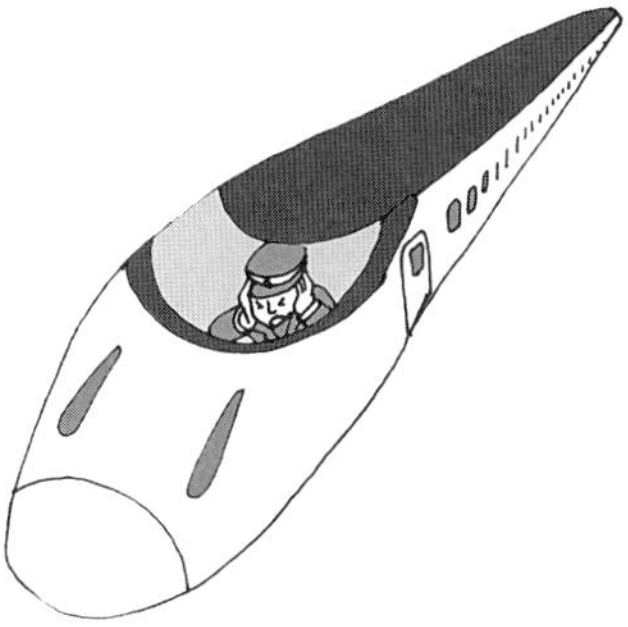

〝規範〟（べき論）が入ってきます。当然そこには「価値」が含まれてきます。では、まず単純な解決案を示してみましょう。

【問題9・1】飛行機の騒音を環境問題としてとりあげ、その解決策を書いてみましょう。

【解答9・1】学生の解答はほぼ一致していました。下の図9・1のように飛行場と居住地域のあいだに「緩衝地帯」を設けるというものでした。この試みは「ゾーニング政策」といい、日本の航空政策にも取り入れられている、現実的な施策です。机上の空論ではなく、正解です。当然完成図としては、上空から眺めた場合、「飛行場」、その周りを「緩衝地帯」、さらにそれを取り囲むように「居住地域」が広がり、たいへんきれいな色分けができます。

ところが、このような基本計画にのっとった法律（航空機騒音防止法）が67（昭和42）年に整備されてからすでに40年以上が経過していますが、大阪国際空港を例にとれば、いまだ計画は完了していません。騒音がひどく住民が次々に立ち退いた地域に、今度はマンションが建つありさまです。つまり、理想と現実（科学的にいうと**理論値と経験値**）がズレている状況がそこにあります。

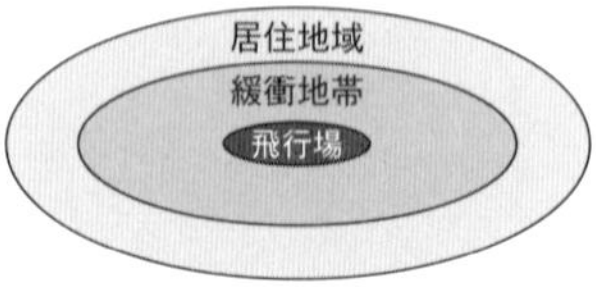

図9・1　ゾーニング政策

ゾーニング政策

緩衝地帯を設ける政策を「一つの解」として、そうではない「別の解」の可能性を探ってみましょう。ヨーロッパやアメリカのゾーニング政策を見ると、理想と現実が一致しています。たとえば、フランスを代表するシャルル・ドゴール空港の面積は３１０４haほどありますが、この広大な土地取得に要した交渉相手は何人だったと思いますか？　驚くべきことに、わずか土地買収数名といわれています（図９・２）。

一方、日本に目を移せば、大阪国際空港の面積は３１０ha（羽田空港８９４ha）ですが、その周辺に設定された騒音指定区域はドゴール空港の面積に近い３２２７haです。ここにいったいどれだけの人びとが住んでいると思いますか？　なんと８万９０３９世帯という数です（08年のデータ）。ここから即座にわかることは、騒音のなかで暮らしを成り立たせていることです。このような人口密集地帯におけるゾーニング政策の是非（価値）について、つぎに考えてみましょう。

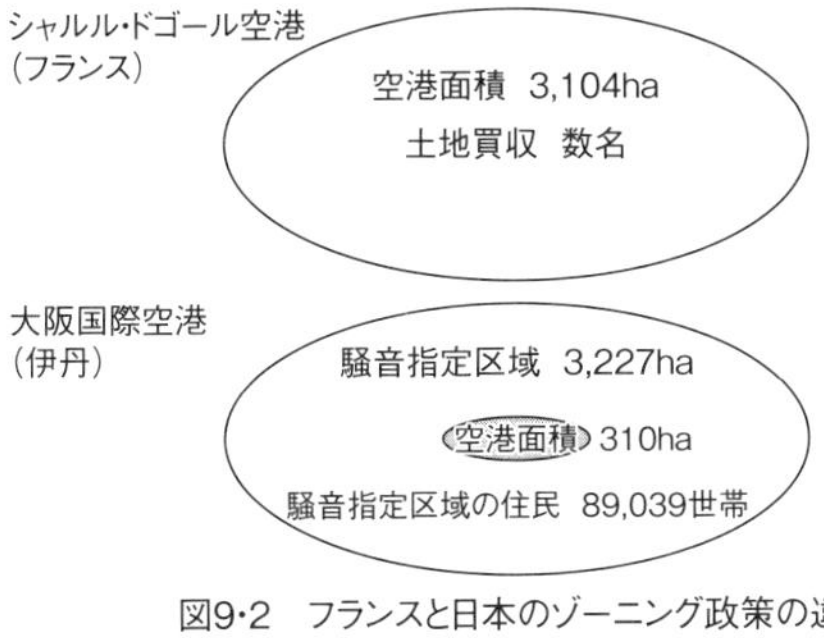

図9・2　フランスと日本のゾーニング政策の違い

地域コミュニティの崩壊

騒音がたいへん激しい地域では、住民に対して**移転補償**が実施されました。一定の騒音レベルを越えていれば、その範囲の地域すべてが移転補償の対象に指定され、制度上補償に制限はありません。しかも、そこに住みつづけることも、選択肢として残されています。そのため、住民が残りたければ建物の防音工事を受けてもよいし、そこから出て行きたければ補償を受けられるという、住民それぞれの意思を最大限尊重する「任意」の施策がとられました。救済策としてはすばらしいものです。

ですが、「移転補償」はつぎのような異変をもたらしました。住民の移転跡地は「くしの歯がこぼれ落ちたように」更地となっていきました。ここは「住むのに適さない土地」であるため、国有地としてフェンスで囲いこまれ、雑草が繁茂して荒れ地になっていきました。さらに荒廃をよいことに、ナンバープレートもない廃車やゴミの不法投棄が後を絶たず、数台が不法投棄されると、あとは次々と廃車の列が並ぶ殺伐とした光景をもたらしたのです。救急車や消防車などの緊急車両の通行障害も引き起こしました。

人口減少によって、騒音のない夜は昼とは対照的に静まり返って人気がなく、街灯も減って公園などに不審者が住みつくようになったことから、防犯上の問題も出てきました。また移転補償によって長屋が切り売りされましたが、老朽化して地震や台風に耐えられないというような、さまざまな悪循環、住環境の悪化が、なだれのように地域住民にふりかかってきたのです。

このように、騒音問題を解決する施策によって派生した環境悪化を目のあたりにして、今後まちづくりをどのようにすればよいかという展望が開けず、絶望的になります。というのもそこを出る、出ないは当人の自由であり、地元住民全体をまとめるような意志決定はできないからです。「これは問題だから、市へ陳情しましょう」とか

雑草が生い茂る移転跡地と
不法投棄された廃車
大阪府豊中市　1999

「自治会で一度話し合いましょう」という住民組織レベルで取り組める問題ではなくなってしまったのです。地域の環境問題が明確に存在するにもかかわらず、その問題を提起する**政治化・社会化の手だて**を失ったのです。

そのため、移転跡地をぐるりと囲むさびついたフェンスをさして「まるで動物園のオリの中に自分たちが閉じこめられているようなもの」と心理的圧迫感さえ訴える住民には、せいぜい役所に苦情を言いに行くか、あきらめるしか途は残されていません。虫食い状に広がる移転跡地は、物理的に地域を分断しただけでなく、地域のネットワークそのものを壊滅させてしまったのです。

受苦の解決とは……

騒音レベルだけを基準に補償を行ってきた施策は、**「地域コミュニティ」**を守ることに役立ちませんでした。というよりも、結果的に地域コミュニティを崩壊させてしまったのです。そこに住む人たちの個々の選択によって、まち全体にとって受益にも受苦にもならないような、問題が隠される結果になってしまいました。このような状況では「被害」解決の正当性を訴えかけるのはとても困難であり、たいへん深刻な「問題」です。受益と受苦では説明しきれない、むずかしいケースなのです。

以上の現実を踏まえて解決策を考えたとき、騒音レベルの解決ではなく、「地域コミュニティ」の延長線上に騒音対策（補償）を位置づける必要性が出てきます。その

「不法占拠」地区では
地域コミュニティで焼き肉パーティ
兵庫県伊丹市　2006

ことが結果として被害を最小限に抑えるだけでなく、新たなまちづくりへ向かう推進力になります。受益・受苦の解決とは、受苦圏がなくなる（潜在化する）ことではなく、むしろつねに出現するさまざまな被害を住民レベルの問題として明らかにし、そのなかで一つひとつ解決していく途を、施策に盛り込んでいくことといえます。

具体的には、つねに自治会（校区）のなかで、補償のあり方（分配方法や期間など）を意志決定できる社会化の手だて（装置）を形成・保持しておくことが不可欠です。ここで**施策**とは、住民組織が個々の被害を「問題」としてまとめあげ、社会に受苦圏としてアピールする「拡声器」の役割を担っているといえます。その拡声器の役割を壊してきたこれまでの補償政策は、問題を矮小化する結果を招いたと厳しく評価されるべきでしょう。

まとめ

いままでそれしかない、と信じ込まされてきたひとつの枠組み（今回の例では「騒音」）を相対化し、解の多様性や可能性を「現実」からもう一度見つめ直す作業を踏まなければ、問題解決の「問題」それ自体がズレてしまうことになります。

最後に締めくくりましょう。環境問題（騒音）抜きではもはや公共政策を語ることはできなくなりましたが、環境問題（騒音）だけで公共政策を実践していくことも、また暴力になります。

第10回

主体

パノプティコン

ゴミ問題を解決するには
人間の主体的行為
権力のエコノミー化
水神様の周りはきれい
遊びを取り入れた解決法

ゴミ問題の解決法

今回も前回に引き続き環境問題Ⅱを扱います。なんだまた環境のことなのかと思われるかもしれませんが、前回以上に面白いように工夫していますのでご安心ください。

さて簡単なクイズです。

【問題10・1】 なんでもいいですから「環境問題」をひとつとりあげて、その解決法を考えてください。

【解答10・1】 できたでしょうか? これまで総合学習や社会科の時間でいやというほど学んできたと思います。ある人は**地球温暖化問題**をテーマとして選んだかもしれません。またある人は**ゴミ問題**を扱ったかもしれません。みなさんと同じ学生の解答を並べてみたいと思います。

【事例10・1　環境問題のレポート例】

・人々のゴミに対する意識の覚醒によって、ゴミの問題は解決に向かうのではないかと思う（Mさん）

・ゴミ問題では、リサイクルやゴミをださないのが重要であるので、身近な危機感を感じさせるために、罰則や罰金制などをもうけたらよいのではないか（I君）

みなさんはこの解答をどう思われますか？　これらの解答にはどこか似たところがあるのではないでしょうか？　これらの解答は絶対的に「正しい」ことを言っていますが、嘘をついています。たいていのレポートはホンネとタテマエを使い分けて、善い行いを解答するのですが、実際に自分もそのように行動をしているのかと問われると答えに窮してしまいます。つまり、解答として「満点」ですが、（環境）社会学的にはほぼ「0点」となります。えーっと思われるかもしれません。

上の解答には、どのような問題があるでしょう。実はたいていのレポートが上の解答に収まります。もう少しかっこよくいえば、みなさんの解決の視点は、**道徳**（べき）**論**・**環境経済学**・**環境法学**の3つのいずれかの視点をとります。最初のべき論は、他人が悪いことをしていると、自分ではやらないくせに「～すべきだ」と言う立場です。2つめの環境経済学は、**環境税**が典型例ですが、お金を徴収して環境負荷（難しい言葉ですが回復を必要とする環境破壊のことです）を減らすインセンティブ

あなたが考える環境問題→

あなたが考える解決法→

をつけるというものです。レジ袋の有料化から世界遺産になった富士山の入山規制までさまざまな形で社会に取り入れられています。最後の環境法学の考え方は、ルールの制定や厳格化です。罰則を設けて人をそれに従わせるというものです。

上の3つの特徴はそれぞれ堅苦しく、お金がかかり、人に厳しい社会の到来を予感させます。しかしながら三つはどれも同じ考え方に立っています。基本的に「～すべきだ」といういわば強迫観念の症候群に陥っていて、極端にいえば**環境ファシズム**にもなりかねません。この考え方を明確に制度として採用している国があります。アジアのシンガポールという国です。この国に行ったことがある人はわかると思いますが、ゴミひとつ落ちていません。なぜでしょう。それは極端な厳罰化・罰金制を取っており、ガムでも捨てようものならたちまち罰金刑に処されます。

何を言いたいかというと、みなさんがほんとうにこういう**厳罰化社会**を望むのであれば、それは個人の選択ですので仕方がありません。しかし、私はこういう社会には住みたくはありません。ではほかに、どういう方法（別の解答）があるのかと問われますよね。

ゴミ１つ落ちていないシンガポール

スポーツにはルールがあるがそれ以上求めない

環境社会学の解答方法は、**主体的な人間**から考えるというものです。わかりにくいですね。シンプルに言いますと、先ほどのシンガポールのような社会に対して、楽しむ**社会**の推奨です。えっと思われるかもしれません。なんで楽しむことと環境問題の解決が結びついているのだろうか？　という疑問です。

この結びつきを考えるために少し遠回りしながら考えてみましょう。みなさんはスポーツをするでしょうか？　サッカーにしろバスケットボールにせよ、スポーツには必ずルールがあります。ルールのないスポーツはありません。サッカーでは、ゴールキーパー以外手でボールを触るハンドは禁止されています。反則すれば相手側にボールがいくしくみになっています。しかし、こうしたルールが厳しくなりすぎると、すぐに笛が鳴り、選手も観戦している人も面白くなくなってしまいます。

最低限のルールは必要だけれども、それ以上の厳格化は人を縛りつけて受け身にさせて、つまらなくなってしまいます。社会学の人間像は人間を「受け身」的な存在ではなく、もっと〝主体的〟に動くものと考えています。学校の授業のスポーツとは別として、そもそもスポーツは楽しくエキサイティングな身体活動です。でも、わざわざ時間と労力を割いてなにが楽しいのでしょうか、と問うと怒られるかもしれません。いやいややらされているのではなく、自ら進んでスポーツに取り組んでいます。実はこの自ら取り組むことが、社会学でいう**主体性**と大きく関わってきます。そこではただ自由から主体性が生まれるのではなく、人を動かしていくための**権力**（パワー）が必要です。次にこのパワーについてクイズを通して考えていきましょう。

権力（パワー）をどのようにとらえるのか？

では、パワーを考えるクイズです。

【問題10・2】囚人（捕まった人）が4人います。それに対して監視人が2人います。しかし、それでは目が行き届かない。ではちゃんと囚人を監視するためには、いったい何人の監視人が必要でしょうか？

【解答10・2】さてみなさん、できたでしょうか？　聞いてみましょう。2人の囚人を監視人が見ている間にもう2人の囚人が見過ごされて逃げ出してしまうので、もう2人の監視人を追加すればよい？　いやいやもっと増やした方がよい？

少しヒントを出しましょう。2人も必要ありません。2人も監視人を増やせば倍の人員とコストがかかってしまいます。人件費ってバカになりません。みなさんの大学の違法駐輪や駐車に割く人件費っていくらか知っていますか？　何千万というお金がかかっています。じゃあ、残る選択肢はひとつ!!　1人ですね。

残念、不正解です。社会学的解答を先に示しておけば、究極的には監視人をゼロ人にできます。普通にやっていたのではできません。これが先ほどふれたように囚人が自分自身を主体的に監視するしくみができればいいのです。

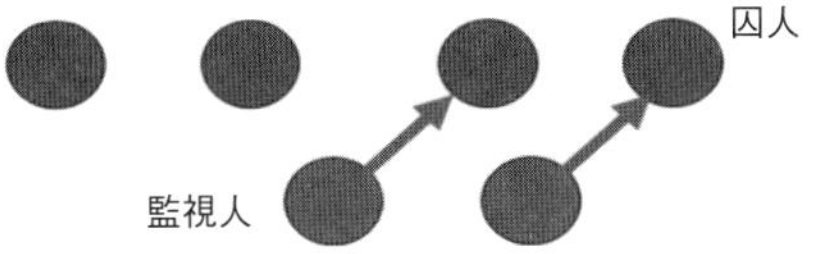

パノプティコン（＝一望監視施設）

世の中には面白いことを考える人がいるもので、いかに効率的に囚人を監視できるかという発想のもとに、監視施設を考案した人がいます。ベンサムという一九世紀初めのイギリスの哲学者です。

まず監視人を図のように真ん中の塔の中心に置きます。そして囚人を独房に入れます。独房には特殊なガラスが埋め込まれています。監視人側から囚人が見えますが、囚人からは監視人は見えません。車内から外は見えるけれども、外からは見えない特殊なフィルムがありますが、そのようなものと思ってもらえれば結構です。すると、囚人側からは何も見えないので、いつ監視されているかわかりません。そうなると、監視人がよそを向いている間に悪さをするのとは異なって、24時間監視されている感覚に陥ります。したがって、たとえ監視人が眠くなって寝ても、トイレに行って監視塔からいなくなっても、いっこうに構いません。その意味で監視人はいりません。ゼロになります。

この効率的なシステムは横文字で**パノプティコン**、訳して「**一望監視施設**」と呼ばれます。実は権力はこのように、戦前の日本の特高警察のように強圧的な形で外側にあるのではなく、監視者にいつ見られているかわからず自分で自分をコントロールせざるをえない「**内面規範**」と呼ばれるものを、人の意識のなかにつくりだすことができます。一望監視施設は別名、権力のエコノミー化と呼ばれていますが、エコノミー化

パノプティコン（一望監視施設）
＝権力のエコノミー（省力）化

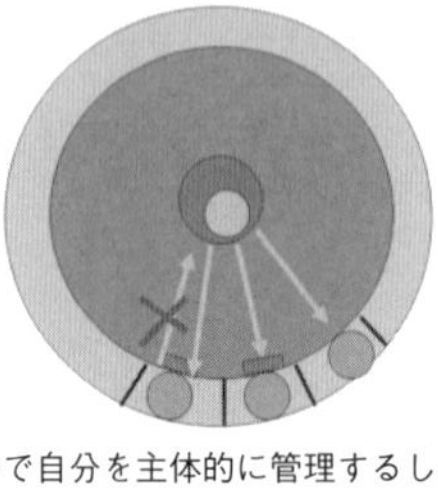

自分で自分を主体的に管理するしくみ

とは省力（コストカット）という意味で、監視コストがかからない仕掛けだといえるでしょう。自分で自分を監視すれば、ルールという「外的規制」に縛られている感覚はあまりありません。

囚人になったことがないみなさんでも、日常生活のなかでこれと似たようなことを体感しています。

【事例10・2】 2つの身近な事例を出しましょう。ひとつは試験会場です。誰でも試験を受けたことがあると思いますが、定期試験などではみなさんは監督者ではなく受験生です。告白しておくと、怪しい人は意外とわかってそれ以外はほとんど監視をしません。みなさんにはそのように映っていないかもしれません。試験のときみなさんだったら試験会場の前に立つでしょうか？　それとも後ろに立つでしょうか？

前の方が威厳があるように思われるかもしれませんが、パノプティコンの理論を使えば、後ろに立つ方が効率よく監視できます。仮に前に立てば、視線を落としたり、違う方向を向いていれば、受験生からみてカンニングの隙ができます。それに対して後ろに座っていれば、まさか受験生が後ろを向いて監督者の先生を確認できないので、いつ監視されているのかわからないことになります。しかし、これは受験生が自分で自分を監視していることになります。なぜなら、たいていの場合、先生は後ろでウトウトと寝ている場合が多いのです。

もうひとつの事例は、書店や洋服屋さんなどみなさんが買い物をする店での状況で

す。どこでも出口に万引き防止用のブザーが設置されています。単純に考えれば、支払いがされていない商品を外に持ち出せば、ブザーが鳴って万引きと見なされますが、もとよりそれが周知されているので万引きの抑制力になっているわけです。このブザーは別に電源を切ってあってもよいのです。内面規範が働いていれば自分で抑制をするからです。監視カメラも同様で、「監視カメラ作動中」とステッカーを貼り、安いニセモノのカメラをつけておくだけで効果があるといわれています。

水神様の周りはきれい

パノプティコン的考え方は実は私たちの**身近な環境問題**を考える際にも有効です。そしてよく見るといくつもそのような事例が存在しています。それを環境問題にひきつけて考えていきます。

水汲み場とか、水をきれいにしておかなければならない場所には、必ず**水神様**やお**地蔵様**が祀《まつ》ってあります。若者たちが汚したり、散らかしたまま帰ってしまった後、おばあちゃんが訪れて当たり前のようにきれいに掃除しています。このおばあちゃんは、みなさんが小中学校でいやいや掃除をやっていた（服従的行為）ような心境ではなく、神様の前はきれいにする（自発的行為）という気持ちでやっています。

掃除している私は、汚した人に対する怒りではなく、神様に対して善行をしているという意識から、すすんで取り組みます。ここでみなさんの解答のように、「水を汚

水のきれいな場所にある水神様

すことを禁止する」とか「みんなできれいにしましょう」なんて看板に書いても誰も守れないし、守らない。鶴の恩返し以来、禁止すると必ずそのルールを破るのが人間の習性だからです。しかし現実の水場では、水神様やお地蔵様を置いておくと、きれいにすることができるのです。ふだんは平気で汚す人たちも、神様の前では怖れるかもしれません。

監視人が神様で、囚人が人間だとすれば、神様は人間側から見えないけれども、神様からはいつも人間が見えているのです。

同様に、「立ち小便をするな」という看板を出しても、禁止はすぐに破られます。ところが、男の子ならば、小さい頃にこういうことを言われたことはないでしょうか？「おしっこをすると下の病になる」や「ミミズにおしっこをするとおちんちんが腫れる」という怖い話です。これらは非科学的な話ですが、幼心なりに怖いので、すとんと心に落ちてきます。

遊びを取り入れた解決法

はじめにスポーツの例を出しましたが、これにも理由があります。環境問題の解決をひとりひとりの意識向上に委ねるだけでは、受け身でいやいや従うことになります。それよりも解決のカギは、いかに人が**自発的**に**行動**できるのかという点にあります。その点スポーツは楽しくやっているという意味において群を抜いています。つまり環境問題をまじめに考えるのではなく、遊びで考えてみるとまったく異なる解決方法が見えてくることがあるのです。それではいくつかクイズ形式で、実際取り入れられている現場から考えてみましょう。

【問題10・3】環境関連のベンチャー企業が「あるもの」を開発しました。これを国土交通省の事務所が河川敷に置いたところ、不法投棄がぴたりとやんだそうです。人びとが不法投棄をやめるあるものとは何でしょう（正解は141ページ）。

【解答10・3】今までのみなさんの解答でしたら、看板を立ててそこに「不法投棄禁止」と書くことと思います。でも「禁止」は禁止ですから、もう少し遊び心をもって考えてもらうと答えがわかります。

「ゴミを捨てるな」と言っても、実際にはポイ捨ては後を絶ちません。ここで安易にルールの厳格化を求めないとすれば、どうするのでしょう。写真には、飲料缶回収機と書いてあります。しくみは単純で、空き缶を投入すると10円がバックされます。

これに積極的に参加しているのは子どもたちです。空き缶を集めて小銭をもらえるということで、必死になって子どもたちはポイ捨てしてある空き缶を拾ってきてお小遣いを稼ぎます。子どもたちはいやいや空き缶を集めているのではなく、喜んで集めているのです。これは子どもたちの主体的な行為ということになります。

もうひとつガムのポイ捨てを考えてみましょう。シンガポールではこのポイ捨てを

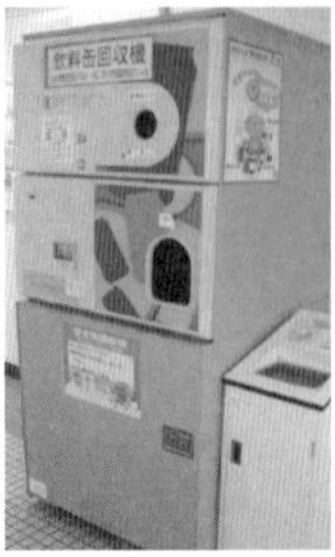

飲料缶回収機

規制するために強い罰則があることは先に書きました。このような厳罰化ではなく、遊びを用いて解決方法を考えるとどうなるでしょう。たとえばガムのポイ捨ては、見た目も悪く、通行人が迷惑し、路上から取り除くのにたいへんな人件費と手間がかかります。掃除のおばさんが地下鉄のホームでこびり付いたガムをコテで剝がしている姿を見たことがあるかもしれません。屈んで作業をするので、なかなかの重労働です。

ニューヨークの地下鉄で採られたユニークな方法は何だったでしょう。実は壁にダーツの的を貼ってそれをシートにしたのです。それを見た若者は面白がって、的めがけてガムを投げつけるのです。逆転の発想です。「捨てるな」ではなく、「(ここに)捨てて!!」というメッセージなのです。ある程度たまると、そのシール形式のシートをはがして後はゴミ箱に捨てるだけです。ほかにもサッカー選手の写真を人気投票に見立ててガムを貼りつけたり、さまざまな工夫があります。

【問題10・4】 さて、最後のクイズです。もうこれはご存じの方もいるかもしれませんが、当時としては画期的でいま多くの公共機関で採用されているトイレのお話です。オランダにスキポール空港という巨大な空港があって、そこにはかなりの数のトイレがあります。ここでは男性限定なのですが、小便が散ることによって清掃に多額のコストがかかっていました。しかし、あることをしたら、トイレの汚れが減り、年間7億円かかっていた清掃費が20%(1億4千万円)削減されたのです。何をしたのでしょう?

ニューヨークの地下鉄
タイムズスクエア駅
(提供) s-hoshino

【解答10・4】小さなハエを模した絵を便器に貼り付けたのです。利用者の男性はこの標的目がけて小便をすることになったわけです。

主体的に行為する

これまで読んできたみなさんにはもうおわかりと思いますが、まったく異なった考え方が身についてきたと思います。もういちど「環境問題をひとつとりあげて、その解決法を考えてください」と問われたら、上からの「べき」論はとらないと思います。そうではなく、遊びを取り入れた主体的な関わり方を模索する楽しさに気づいてもらえたのではないでしょうか。

小さな解決法かもしれませんが、いま大きな力になっているスポGOMIという活動をご存じでしょうか？　ホームページもあるのでぜひクリックしてみてください。これはゴミ拾いをして、集めたゴミ重量を真剣に競い合うスポーツです。ゴミ集めをスポーツにまで高めて楽しく社会奉仕できるとして、いま各地でひっぱりだこになっています。

これまでは、人間の本性説（先天的、本能）に対して、環境決定説（後天的、生後の環境に左右される）がありました。しかし、本性説も環境決定説も、本能か環境かは違いますが人間を受け身に考える点で、同じコインの裏表であるといえます。それに対して環境社会学は、自発的に行為する人間の主体性を見ていこうという学問にな

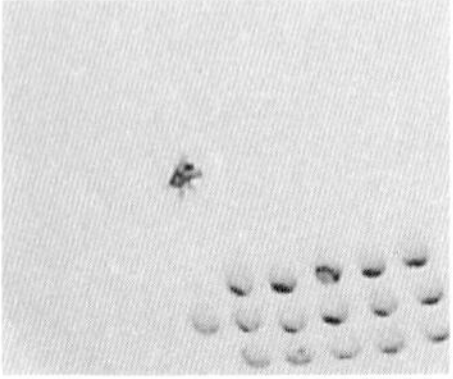

男性便器にある“標的”

ります。遊びには、人をワクワクさせるような部分がかなり占めているわけです。ここでは人間のもつ自発性・能動性を権力《パワー》に絡めてみてきました。

【138ページの正解】 ごみよけトリーという洒落を活かした作品でした。たった4本の棒を朱色に塗って鳥居のように組んで立てるだけの簡単なものです。

第11回

倫理

モラル・プロテスト

不正・偽装事件

近年、少年犯罪や通り魔、窃盗団、振り込め詐欺、偽装事件などの社会問題が悪化の一途をたどっているといわれています。社会の腐敗や退廃が進んで社会問題が生じた場合、その再発を防ぐために教育によってどのように**社会的モラル**を高められるのか、あるいは個人や企業の**社会的モラル**をどのように立て直すのか、地域の治安対策をどのように講じるのかという課題が議論されます。これらの問題は、「ひとりの人間」の突発的な行動によって引き起こされる、というよりむしろ、ある集団の規律が緩んだ際に「誰しも」が共通に問題行動をとりうるという社会的傾向に問題があります。当然この問題の解決法として、いったん緩んだ規律を引き締めたり強めたり、法律を改正して厳罰を課したりすることが、世間一般から求められます。もっとも身近

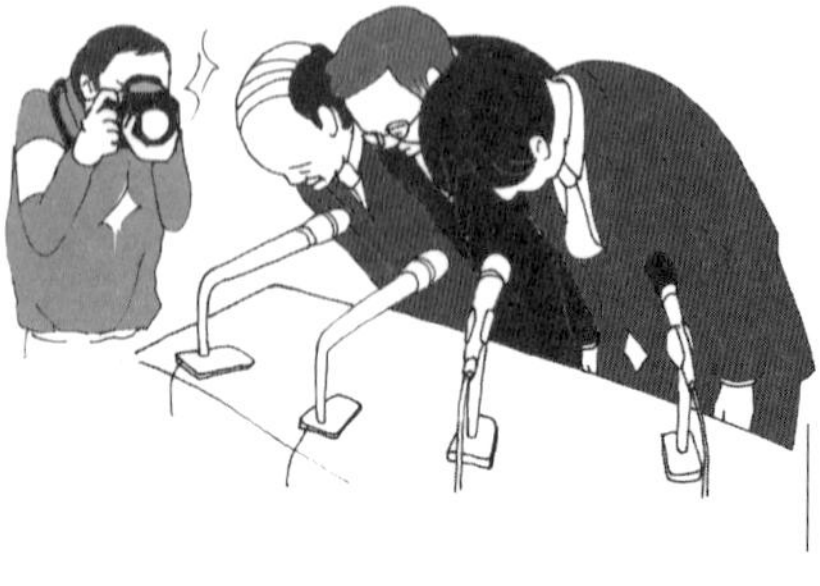

な例として、近年の飲酒運転に対する厳罰化があげられるでしょう。

雪印食品が輸入牛肉を国産と偽って業界団体に買い取らせていた問題を考えてみると、どのように食品全体の安全性をチェックするのか、あるいは企業ブランドの陰で社会的モラルが欠如しているのではないか、と世間から問われます。そこにはさまざまに生じた社会の亀裂を修復する安全弁としての「モラル」があってしかるべき、というある種の社会的「正しさ」への期待が多分に込められているでしょう。

強いていえば、ここでのモラルは世間一般でいう「企業倫理」のように、「倫理」という言葉のニュアンスに近いものです。みなさんは聞きなれないと思いますが、この倫理という言葉には、現在の状況に先立って、本来人間は「このようにすべきである」という**社会的規律や規範**が含まれています。

「倫理」と聞いた途端に高校の「倫理社会」や、小中学校の道徳の授業を思い出して、嫌悪感をもつ人も多いのではないかと思います。倫理とはみなさんにとって、いわば退屈の代名詞だともいえるでしょう。それは全員がこのようにしなければいけないという建前として、みなさんに義務や責任を迫る一方、しばしば総懺悔《ざんげ》して、責任の所在をうやむやにしてしまう危険性もつねに抱え込んでいるからです。倫理という言葉のはしばしに、どこか自分を棚に上げた語りが放つうさん臭さを感じるのではないでしょうか？

小寺 聡
『もういちど読む山川倫理』
山川出版社　2011

真実 vs. タブー

言い方を変えると、倫理には「正直」に「真実」を伝え、実践することに、一方的な道徳的価値がおかれるわけです。しかし、いざ当事者として自分がそこに身をおいた場合、ほんとうにわたしたちは正しい行動をとることができるのでしょうか？

このように問われた場合、わたしたちはつい不安を抱いてしまいます。組織のなかで働き、家族を養っている自分は、万一不正や偽装に気づいても内部告発するよりは、自分と家族の生活を守るためにその問題を隠蔽し、「タブー」にしてしまうかもしれません。むしろ後者の確率が高いのではないでしょうか？

自分にとって都合が良いと判断した場合、本人にとってそれが賢い選択ということになります。そこで、ある事象に善悪の判断を下す前に、人はどのように行動するかという**選択肢（オプション）**をあらかじめ立てて、話を進めることにしましょう。

わたしたちにはある問題を「正直」に「真実」として伝えるのか、または自分の生活を守るために「タブー」にするのか、という2つのオプションが提示されているわけですが、ほんとうにこれしか持ち合わせていないのでしょうか？　あるいは社会問題への対処のしかたは果たしてこれだけなのでしょうか？

この回で考える倫理あるいはモラルは、このように個人や社会が恣意的に選択するあり方ではありません。かといって、当事者である自分たちの利益を優先するのが当然と考える合理的選択のあり方でもありません。暮らしを立てていくなかで背負わざ

荻野昌弘『零度の社会
詐欺と贈与の社会学』
世界思想社　2005

るを得なくなったモラルのあり方をとりあげてみたいと思います。

上の2つのオプションを抱えて「**悪夢の選択**」を迫られる日常的実践に、どのような可能性が開かれるか、ここでは見ていきます。日常的実践から積み上げるこうした弱々しく危うい世直し運動が、じつは回り回って広い意味での「オルタナティブな社会」への胎動につながると考えるからです。したがって、ここで扱う「倫理」には自分たちがどのようにこれから暮らしを立て、自分たちを取り囲む地域とのつき合い方をどのように変えていくのかまでを含めています。**自分たちの生き方そのものを問いかける「知恵」**という言葉がニュアンスとして近いと思います。

頭の整理のためにごく簡単にまとめてみましょう。モラルを「倫理」（正義）の側面と「知恵」（生き方）の側面に分けて、ここではおもに後者、わたしたちが自分の「生活」（ライフ）と向き合い、人生においてぶつからざるをえない難題や社会問題に対処する知恵（生き方）を考えていこうと思います。

鎌田慧
『怒りの臨界』
岩波書店　2000

社会問題への対処のしかた

【事例11・1】　ここでは「モラル」という言葉を借りて、日常的実践に開かれた運動のあり方を見ていきます。公害とは、どちらかといえば黒い煙だとか激甚な騒音など、目や耳などで具体的に感じ取ることができるイメージがありました。しかしこの事例は、それら五感でとらえにくいダイオキシン汚染騒動の渦中にいた農家Oさんです。以下、埼玉県所沢市のダイオキシン風評被害について、成元哲さんの論考を見ていくことにします。

ダイオキシンなどの目に見えない汚染の報道がなされると、地元農家は「風評被害」の影響を避けようとします。つまり嵐が通りすぎるのをじっと待っているほうが痛手を負わなくてすみます。それが彼らふつうの農家にとってもっとも「賢い」合理的選択であったわけです。ところが少数ですが、農作物の安全性について声をあげる農家がいました。周りの農家からみれば理解できない馬鹿げた行動でした。Oさん自身にとっても、それは賢いことではなく、「しかたのない」ことでした。

日常生活のなかで人間存在や生き方に焦点におく運動を、経済的権利や市民権を要求する運動との対比で、成さんは「モラル・プロテスト」と呼んでいます。つまり、これまで環境問題から自分たちの生活を守る運動として繰り返し登場してきた「被害者」運動ではありません。いますぐには現れないダイオキシンの被害に沈黙していたら、自らも「加害者」になりかねないと考える「もうひとりの自分」にモラル・プロテストのよりどころがあるといえます。

では、彼はなぜこのような理解しがたい行動をとったのでしょうか？　彼なりの理屈があったからにほかなりません。まず、Oさんは父親を農薬の害で亡くし、自らも農薬散布による身体不調で有機農業に転換しました。そんなOさんにとってダイオキシン汚染は、「自らがいかに生きるかという生き方」の問題であると同時に、「生産者と消費者のあいだにお互いの〈生〉を支え合うシステムをどのようにつくるか」という問題でもありました。有機農業に転換する前は、ゼニ勘定ばかりでしたが、健康を害したことをきっかけに、農薬散布をやめてお茶の有機栽培を始めました。

安全性を問う

紆余曲折はあったものの有機農業が順調に行きかけた矢先、所沢市が管理運営する清掃事業所から途方もない高濃度のダイオキシンが検出されたことを、市が隠していたと報道されます。以前から過度に密集していた産業廃棄物焼却炉に関して、消費者からOさんに問い合わせが数件ありましたが、このデータ隠蔽事件で、経済的なダメージは決定的なものとなりました。しかし何よりもOさんは、自らの生き方としての有機農業が侵され、消費者との直接のつながりによって確立された信頼関係が傷つけられたと感じていました。

そのようななかで隠蔽事件について市主催の説明会が開かれ、Oさんは質問に立ち、農作物の安全性について問いただすと、同じ産廃問題の市民運動の仲間から「農産物は絶対言っちゃいかんのだ」と強く制止されます。それに対し、Oさんは「それはおかしい。ここまで汚染がはっきりして、これを農家がとぼけたら、農家自身が加害者になるし、責任をもてないことになったら、(Oさんの経験上) 消費者に対しても言い訳が立たない」と感じます。

Oさんは倫理的な基準をはじめからもっていたのではないことがよくわかります。市民運動の仲間も農家に配慮して農作物の汚染問題には極力触れないなかで、有機農業を行っている以上お茶の安全性について生産者として責任があると考えたのです。そして消費者に情報を提供するために、ダイオキシン測定を依頼したのでした。

以上の点に留意して成さんは、これらの運動を「汚染騒動を通じて自らの生き方や命を支えるつながりを自己反省的に考える契機にすることがOさんにとっての運動」であったとまとめています。

【事例11・2】 災害や事故が生じたとき、大都市では身体ひとつで即日避難することができますが、東日本大震災で被災した三陸沿岸地域や福島第一原発周辺市町村では、第一次産業従事者が多く、即座にその地を離れられなかったのです。そこには海や田畑を先祖からの〝預かり物〟とする人びとの姿が浮かび上がってきます。

わたしたち東北学院大学震災の記録プロジェクトでは、3・11直後から聞き取り調査を継続してきました。ここでは、原発事故によって避難を強いられた福島県飯舘村《いいだて》と、津波の襲来によって壊滅状態になった宮城県石巻市北上《きたかみ》町の浜の人たちを手がかりに、近代的な環境倫理とは異なる自然とのつきあい方を学んでみたいと思います。

福島県飯舘村に暮らす照子さんの心は揺れていました。国から計画的避難指示がありましたが、「父や母やお祖父さんや、それ以前の御先祖さんがここに眠っているの

金菱清編　東北学院大学
震災の記録プロジェクト
『千年災禍の海辺学
なぜそれでも人は海で暮らすのか』
生活書院　2013

に、それをほっぽりなげていくとは……」という理由だけではありません。

照子さんは飯舘村の主要産業である畜産業と、飯舘村特産のトルコキキョウの花卉《かき》園芸を家業として営んでいましたが、原発事故後もハウスで定植をしていましたが、花の出荷時期までに戻ることはできないだろうと判断して、耕耘機で花の苗を畑にすべて鋤き込んでしまいました。気持ちの上でどこかで一線を引かなければ、このまま「ずるずるいってしまう」からでした。自分を納得させるために、半永久的な離村ではなく、〝一時的な〟離村の「区切り」をつけようと決意します。福島市内に引っ越した後も、2～3日に一度は帰村していました。

飼養していた牛もハウスの花も、話の端々に「かわいそうだ」「（命を）全うさせてあげたい」という言葉がついてまわります。畜産も花卉も、経済的価値で測れば商品生産です。しかし、牛や花という生き物に対して、過剰とでもいえる想いがあり、その想いが照子さんたちの心を大地（村）に繋ぎ留めているのではないか、とさえ思えてきます。理念としてのコミュニティではなく、この地域には住民たちが育んできた幸せが詰まっていて、畜産も花卉もそれにつながっています。たしかに暮らしを立てていくうえで、お金や放射線量は考えずにはすまない要素ではありますが、それだけで人は暮らしているわけではなく、個の幸せが守られる地域（村）があって初めて、個は生き生きと輝くことを教えてくれます。

つぎに、大津波により壊滅状態になりましたが、北上町十三浜ではほかの浜に先駆

けて漁業の復活が果たされました。漁協の長である清吾さんは近親者を17人も亡くしました。浜では、これまでワカメ養殖業を基幹産業としてやってきました。出稼ぎなしで暮らせるように、安定的な収入が得られる養殖に着手したのです。養殖の品質競争と地域の共同で培われた浜独自の倫理が、震災後も発揮されます。

浜ごとに被害が異なり、一部の浜では家も船も無傷に近いところがありました。一時的に作業を全員で均等に分ける、つまり船を失った漁師にも収入を保障する漁協の提案に対して、被害がなかった漁師からは平常時通りでいいのではないかという疑問が出されました。それに対して清吾さんは、「一人だけが百歩進むことを許すわけにはいかないから、百人で一歩ずつ進むことで（漁協の）中をまとめた」そうです。家族も船も仕事もなくした漁師たちも、この地で暮らすことができるよう取りはからった漁協の方針は、浜の人たちの精神的な支柱となりました。海という自然を相手に果敢に闘ってきた浜の暮らしには、最も不利な人も生きていくための独自の社会的セイフティーネットがあり、未曾有の震災をかろうじて切り抜けることができました。震災に遭遇した地域（村）では、自然災害から人間を守る独自の倫理が働いたのです。

【事例11・3】 最後にわたしが調査した大阪国際空港（伊丹空港）にあった不法占拠地区の例をとりあげましょう。まず先にイメージを形づくっておこうと思います。みなさんは「不法占拠」と聞くとどういうイメージをもつでしょうか？　即座に「そ

れはダメだ」という拒絶反応が容易に想像できます。「倫理」に反しているととらえます。それはどうしてでしょうか？　みんなが利用する空港をごく一部の人が私的な目的で占有することは許されないと考えるからです。

多くの人びとが空港を利用し、しかるべきルールを守ったり、税金を支払ったりしています。したがってわたしたちは、空港という公共空間において、一部の人びとが住宅を建てたり畑として利用したりすることは、空港の公共性を脅かすけしからん行為である、と見なします。

にもかかわらず、わたしたちが抱くイメージと実際の空港の土地利用のしかたには大きなギャップがあります。法律的には、戦後50年以上にもわたって国は空港を管理してきましたが、空港敷地（国有地）を住宅地や畑として不法占拠してきた人びとを強制排除していません。ここは戦前に、在日韓国・朝鮮人労働者が空港の整備や拡張工事に従事する飯場《はんば》（作業宿舎）があった場所でした。いわゆる徴用を含む朝鮮人労働力の確保という国策がその背景にあります。そして戦後も、住む場を失ったさまざまな人びとがここに住み着いたといういきさつがあります。

はじめから国はこの不法占拠を認めていたのだろうか、というと、答えは「NO」です。国は明確にこの地域を「排除」の対象としてきました。60年代、違法建築の家屋が密集していたこともあり、一度火災になるとまたたく間に家々は全焼し、滑走路が一時閉鎖されることもありました。この事態を国は静観していたわけではなく、

金菱清『生きられた法の社会学
伊丹空港「不法占拠」はなぜ補償されたのか』
新曜社　2008

「火災や事故（が起こったらたいへんだ）」というリスクを楯にとり、火災後いったんは住民を締め出しました。しかしほかに行くところがない住民は、寄せ集めの建築資材で一晩で家を再建しました。食っていかんがためにしかたなく不法占拠を続けてきたのです。

住民は最低限寝るだけの「小屋」はあるけれども、水道、電話、電気もない、道路はぬかるみ、街灯もない状態におかれました。このような最底辺の生活環境をなんとかよくするために、外部への働きかけ（運動）が行われることになります。

不法でも要求する理屈

地区として最初に困った問題がトイレの汚物処理でした。住民が市に陳情を行うと、市側からひとつの提案がなされます。それはこの地区に責任のもてる自治会（行政との窓口）をつくるようにということでした。つまり、自治会としてまとまって、はじめて市は不法占拠地区の住民とコミュニケーションをとれるというものです。そのとき、行政との交渉に当たったのが、地区に住む故Fさんでした。Fさんが市役所に日参し、ようやく自治会が承認され、行政によってトイレの汲み取り作業が開始されることになります。72（昭和47）年のことです。

これと並行して、道路の舗装が問題になります。というのも、地区の道は車が通ると砂塵が舞い、雨が降ると泥を練ったようになり、子どもたちの通学に不便でした。

焼け跡に一晩でバラック小屋を建て
「不法占拠」を続ける（1971 年）

最近の書評・記事から

『陸軍将校たちの戦後史』 角田 燎

●日本経済新聞　2024年4月20日

旧陸軍を率いたエリートである将校らは，戦後どのような戦争観を持ったのか。……陸軍士官学校の同期生会をもとにした親睦団体としてスタートした「偕行社」の会報に注目し，つぶさに分析……会員減少とともに政治色を強め，歴史修正主義に近づいた経緯も明らかにする。ほか，『毎日新聞』2024年4月6日，『世界』2024年8月号など。

『生ける死者の震災霊性論』 金菱 清

●東京新聞　2024年3月30日

東日本大震災に仙台市で遭遇した社会学者が，被災者の立場に深く共感して聞き取り調査した報告書。……「幽霊」に仮託された死者との関係に思いをはせることで，残酷な現実に封じ込められた心の奥底を見つめる。ほか，『読売新聞』2024年3月7日，『本の雑誌』2024年5月号，『世界』2024年8月号など。

『わたしたちは見ている』

市民が育てる「チェルノブイリ法日本版」の会・柳原敏夫・小川晃弘 編

●東京新聞　2024年7月27日

原発の推進・反対にかかわらず，日本が原発を続けるなら現実的な救済法が必要だ……日本の被害者救済に人権の視点が欠けているとしてチェルノブイリ法の日本版が必要だと訴える。表紙は趣旨に賛同する漫画家ちばてつや。小出裕章も寄稿。

『日中韓のゲーム文化論』 楊 駿驍・鄧 剣・松本健太郎 編

●日本経済新聞　2024年3月30日

東アジアのゲーム文化を展望するため，3カ国の論者が折々に書いた計18編……韓国や中国のゲーム社会史を振り返る論考では，勃興期，流入する日本製ゲームに対して侵略の歴史を背景にした不安感があったことも記されている。メディア論や記号論のほか，哲学や社会学からの考察が行われており，ゲーム批評の論点を網羅できる。

●小社の出版物は全国の書店にてご注文頂けます。
●至急ご入用の方は，小社ＨＰ・電話・ＦＡＸにてご連絡下さい。
●落丁本，乱丁本はお取替えいたしますので，小社までご連絡下さい。

新曜社
株式会社
新曜社

〒101-0051
東京都千代田区神田神保町3-9
電話 (03) 3264-4973
Fax (03) 3239-2958
https://www.shin-yo-sha.co.jp/

新曜社　新刊の御案内

Feb.2024～Aug.2024

■新刊

角田 燎

好評重版！

陸軍将校たちの戦後史　「陸軍の反省」から「歴史修正主義」への変容

戦後，親睦互助を目的として戦友会を結成した旧陸軍のエリートたちは，戦争を指揮したことに自責の念を抱いていた。その彼らがなぜ「歴史修正主義」に接近し，政治団体として会を先鋭化させていったのか。陸軍将校たちの戦後史と戦争観の変容に迫る。

ISBN978-4-7885-1839-1　四六判 264 頁・定価 3190 円（税込）

金菱 清

生ける死者の震災霊性論　災害の不条理のただなかで

なぜ震災の被災者が自らを罪深いと思うのか，亡き人を思い，なぜ深い後悔に涙するのか。言葉にできない沈黙の中で，幽霊や夢に仮託しているのは何か。人知れず孤立し，苦しみ続ける被災者への綿密なフィールドワークを通じ，実存から立ち上げる霊性論。

ISBN978-4-7885-1842-1　四六判 208 頁・定価 2530 円（税込）

楠見友輔

アンラーニング質的研究　表象の危機と生成変化

電子版有

質的研究は幅広い分野に拡大し，豊かな実践を生み出している。その一方で，方法は知らず知らずのうちに形骸化し，必要とされる変化を閉ざしてしまう可能性がある。質的研究を「アンラーニング（学びほぐし）」し，問いを創出しつづけるための本。

ISBN978-4-7885-1849-0　四六判 312 頁・定価 3960 円（税込）

谷口忠大 編

たちまち重版！

ワードマップ 記号創発システム論　来るべき AI 共生社会の「意味」理解にむけて

記号（言語）の意味はどのように成立しているのか？　この根本問題に最先端の AI・ロボティクス研究者と，第一線の人文社会系研究者らが集い探求する新学融領域，記号創発システム論。来るべき生成 AI との共生社会を見通すための，初のキーワード集。

ISBN978-4-7885-1854-4　四六判 292 頁・定価 3080 円（税込）

Fさんは「不法であってもできる」という使命感で市役所に座り込み、市に舗装化を要求します。議員とお互い往来するなかでコミュニケーションをはかり、舗装化を実現していきました。

しかし、市と新しい関係性を築きつつ、それを前提に国へ上水道や電話設置を要求するのは論外でした。なぜなら、水道や電話が結果として住む権利につながっていくために、国にとっては当然認めがたい要求だったのです。ところが結論を先に示せば、上水道や電話設置は実現しました。なぜ可能になったのでしょうか？　住民が陳情や交渉の際に国（旧運輸省航空局）を動かすのに用いた論理は、たいへんユニークなものでした。

「今の状態で（不法占拠）地区を放置すると、飛行場から空港のすぐそばにある〈汚い〉集落が、外国から来た人にも丸見えになる。将来国の〈恥〉になるから、もう堂々と家を建てるようにさせてくれ。しかもすぐ近くに燃料タンクがあり、（地区で火事が起きて）引火すれば、それこそ飛行場の機能を果たせなくなる。また地区の飲料水は井戸水を使用しているため、衛生状態が良くない。もし水質が悪化してコレラや疫病が発生すれば、風に運ばれ、空港にも（病気が）蔓延する」。

「本来」国が用いる主張（不法占拠地区のリスク）を住民からわざわざ国に知らせ

て、逆に国を説得する材料に使っているのはなぜでしょうか？　ここにいったいどのような住民の正当な理屈があったのでしょうか？

まず国の公共性の論拠は、現実に人びとがそこに住み、暮らしを営み続けてきたことにより揺さぶられます。つまり、人びとはその土地に住まざるをえない差別を抱え、その土地につねに働きかけざるをえない実態が、まず前提条件として存在します。この現実を無視し、国が公共性の「正しさ」に固執する場合、意図せざる結果として、国が積極的に空港機能を損なう悪条件を地区に与えている、というイメージをもたれることになります。

このように当時、国に一方的に無視され差別されてきた生活環境を国の「無秩序」や「恥」として焦点化させることによって、**地域コミュニティと空港の関係性**を組み替え、新たな秩序を創造することができます。つまり、不法占拠住民のユニークさは、一見住民にとって不利に追い込まれそうな論拠を見せながら、結果的に生活防衛を果たす創意工夫にあります。いわば行政からの差別を見越す形で先回りして、社会的な関係性や関連性を位置づけたうえで、空港を地域に取り込んでいるのです。

対抗型プロテスト vs. モラル・プロテスト

これまでの事例では、周りの人びとからみれば自分で自分の首を絞めているような、合理的とはとても見えないような行動が本人たちにとってやむにやまれぬ、ある

目の前にある滑走路から離陸する飛行機（2004 年）

意味で（迷いつつも）倫理的で正当な行動であったことを見てきました。さらにフタを開けてみると、自分たちと周りの人びととの関係性を組み替えることによって、新たな生活環境や地域コミュニティを創造していく試みでもあったのです。

成さんは、所沢市のOさんの事例を大きな力（権力）に対する**抵抗**（**プロテスト**）としていかに行動すべきなのかというモラル・ビジョンだけではなく、わたしたちは誰なのか、なぜほかならぬわたしたちなのかという、もっと内面的な自己存在に関わる諸問題をとりあげ検討する、数少ないアリーナ（公共空間）のひとつであると、位置づけます。

平たくいえば、従来の運動とは一味違うのです。どこがどのように違うのでしょうか？　いままで考えられてきたのは、加害─被害というマクロな構造のもとにおかれ、いわば「被害者（農民）」としてどのようにプロテストをめざすのか、という運動のあり方でした（これを**対抗型プロテスト**と呼びます）。一方で、Oさんの実践は、誰かに勝つこと（勝負）に意義を見いださない、かといって個人に閉塞することもなく、消費者との顔の見える、具体的な関係性を築くなかで責任をとる、他者を前提にした、あるいは組み入れた運動のあり方ではないかと考えられるのです。

新しい生き方を実践するモラル・プロテストにおいては、自分たちの「生活環境」を見直したり問い直したりすることが、結果として周りの人びとのまなざしを変え、地域コミュニティとの関係性を変えることにつながると経験的にいえそうです。地域

「不法占拠」が解消され移転補償がなされた市営住宅（2007年）

へ内向した問いかけがじつは外部との結びつきを強める、というこの一見矛盾するダイナミズムから、わたしたちは今まで描いてきたのとは異なる運動イメージを導き出すことができるわけです。

オルタナティブな社会への胎動

この回の事例では、当事者たちがはじめから明確な意図をもって行動したのではなく、しかたのない、あるいはどうしようもないなりゆきから地域コミュニティが危機に陥り、行動に駆り立てられたことに気づかされます。所沢のダイオキシン騒動や福島の原発事故は農民にとってはタブーにせざるをえません。自分たちは本来被害者なのにそれを問題化すること自体農作物への風評被害を生み、自分たちの生活を脅かすと承知しているからです。一方、倫理やモラルを重んじる立場からはこうした自己規制は誤りで、「正直」に「真実」を伝えることに道徳的な価値がおかれます。

自分の生活を守る立場から問題を「タブー化」するか、「正直」に「真実」を伝える行動を起こすのか、2つのオプションはつねにわたしたちにつきまといます。どちらかのみではなく、この2つのオプションを抱えながら「悪夢の選択」を生きる日常的実践に、わたしたちの生き方のほのかな可能性（**オルタナティブ**）を見いだそうというのが、今回の核心です。

第12回

法

国・ことば・貨幣

井上ひさし
『吉里吉里人』上・中・下
新潮文庫　1985

東北版「坊ちゃん」

「親がらの無茶（むっちゃ…読み方、以下同じ）で小供（わらす）の時（どぎ）がら損ばっかすてる。小学校さ入（へえ）ってた頃（あだり）、学校（がっこ）の二階（ぬげぁ）がら跳ね降づで一週間（えっすうかん）ばっか腰ぁ（こすぁ）抜（の）がすた事（ごだぁ）ある」

【問題12・1】さて、久しぶりにここで問題です。この言葉は何語でしょうか?

【解答12・1】えっ、東北弁? 違いますねー。じつは吉里吉里《きりきり》語という言葉で書かれたもので、吉里吉里国という国で使われている国語の教科書に載っている、夏目漱石『坊っちゃん』の書き出しです。そう、聞いたことはありませんか……

それもそのはず、吉里吉里国とは、ずいぶん昔に作家の井上ひさしさんが長編小説の傑作『吉里吉里人』で描いた架空の国なのです。架空の国といってもわたしたちが現在住んでいる日本国内を想定しています。したがって、ふだんあまりにも当たり前に使っていて、それとなかなか気づかないことばの問題を教えてくれます。ちなみに、日本の教科書で扱われている『坊っちゃん』では、

「親譲りの無鉄砲で小供の時から損ばかりしている。小学校に居る時分学校の二階から飛び降りて一週間程腰を抜かした事がある」

という具合です。前の文章があまりにも強烈なために耳について離れず、思わずそのあとの標準語もおかしくなってきたのではないでしょうか？

吉里吉里国の独立

主人公である三文小説家の古橋が乗り込んだ夜行列車。東京・上野を出発して宮城県と岩手県の県境あたりで急にブレーキをかけて止まります。何が起こったのかわからない一行がやきもきしていると、銃を構えた男がやってきて、

夏目漱石『坊っちゃん』
岩波文庫（改版）1989

「わだぐじは入国警備官のヨサブロー内藤でやんす。さっそくでやんすがねし、みなしゃんの旅券（りょげん）ば拝見してえもんで」

と強い東北訛りで挨拶を始めました。旅券とは汽車の切符ではなく、パスポートをさしています。

じつはこの日午前6時に、東北の一寒村である吉里吉里国（ちりちりこぐ）が突如日本政府に愛想をつかし、分離独立を宣言したのでした。つまり、古橋たちは外国に入国したことになり、今までのように日本国にいるのとは異なってきます。パスポートを持参していなければならないし、公用語は吉里吉里語という言語に代わり、通貨の単位は円に代わって「イエン」になります。

まだ東北新幹線がなかった時代の急行列車
（ブログ懐かしい駅の風景）

吉里吉里語　吉日・日吉辞典

【問題12・2】 それでは、つぎの練習問題を解いてください。

A　「山形県知事」は吉里吉里語ではどう発音しますか

B　「トヨタ自動車」はどう発音しますか

C　「結婚式のお色直し」を発音してください

D　「♪ずいずいずっころばし　胡麻味噌ずい♪」を吉里吉里語に直して歌って

ください

【解答12・2】

A　山形県地図　B　トヨンダ　ズンドーシャ　C　結婚式のおエロ直し

D　「♪じーじーじっころばし　胡麻味噌じー♪」

主人公古橋は、書棚の前の台の上に奇妙な刷り物を発見します。「吉里吉里語四時間・吉日、日吉辞典つき」と題する東北弁の教科書だったのです。吉里吉里国の独立騒ぎにまきこまれた古橋が入国審査を待つあいだに読むのですが、そこには理論に始まり、音韻解説や文法などの章があり、中舌《なかじた》母音・濁音・鼻音の発音のしかた、動詞の活用などがこと細かに書かれています。中学時代の英語、あるいは大学時代に習うフランス語やドイツ語の文法の時間さながらといった感じがします。

しかし、日本語のなかの地方語がこのように「理論」立てて提示されていることにわたしたちは改めて驚かされます。たとえば、アイ〔ai〕→エー〔ɛː〕、アエ〔ae〕→エー〔ɛː〕、オイ〔oi〕→エー〔ɛː〕、ウイ〔ui〕→イー〔iː〕という具合に労力が節約され、地図・知事・土・乳の発音はすべて同じで「ツィヅィ」と発音されます。上にあげたような練習問題があり、読んでいると思わず笑ってしまいます。なかでも面白い箇所は、吉里吉里語は「薬」になるというくだりです。

関谷徳夫『復刻版
吉里吉里語辞典
いとしくおかしく懐かしく』
ハーヴェスト社　2013

「蓄膿症や鼻づまりでお困りのかたはとくに熱心にこの鼻音化原則と取り組まれることをおすすめいたします。ズーズー弁圏内に蓄膿症患者や鼻づまり患者の数がすくないのは、一日に何十回、いや何百回となく、この鼻音で鼻腔内を掃除しているからであるという事実をあなたはごぞんじでしょうか。糞づまりに下剤を、金づまりに借金を、そして鼻づまりに吉里吉里語を。吉里吉里語は薬用にもなるのであります」

吉里吉里語はわたしたちの皮膚であり、肉であり、骨であり、つまりはわたしたち自身なのです。ことばの問題には、なぜ公共放送や教科書はすべて「標準語」で話されたり書かれたりするのか、という問いが含まれています。裏を返せば、方言は公の場で話されたり書かれたりしない現状があります。**方言**は歴史的なプロセスで標準語に変換されて「母国語」とされてきたのです（以上作品の引用は上巻81〜128ページ）。いわば言語を管理する（むずかしくいうと**身体を規律化させる**）プログラムが国家によって実行されてきたのです。そのことが如実に表れるのは、植民地の歴史です。

吉里吉里の地名のある岩手県大槌町には，ひょうたん島（蓬莱島）がある
（大槌町 HP）

標準語と母語

植民地化のプロセスでは、被支配地域（日本の場合は朝鮮・台湾・沖縄）に支配国

の標準語を母国語として植えつけ、これを守らせるための方策として、自分たちのことば（**母語**）を話した者には首から「罰札」という札をかけさせる罰を用いてきました。なぜ罰が必要なのでしょうか。

それは、母語を禁じることで自分たちのことばを「劣った」もの、あるいは「恥ずかしい」ことばと思い込ませ、母語を話すことは「国民意識」の欠如を示すとして、否定する考えを植えつけます。そして、母語によって営まれてきた被支配地域の共同体を破壊し、支配言語による文化的な再統合を図ろうとする狙いがあるのです。

この小説は、わたしたちの身の周りで起こっている「標準語化」を改めて意識化させ、文化的統合の再編を要求しているともいえるわけです。吉里吉里国という新国家は、たんに政治的独立を宣言するだけでなく、経済、農業、医学、性、言語といった文化全般に及ぶ、日本という**近代国家**が抱えている根深い問題をあざやかにそして面白おかしく映し出してくれるのです。

このような独立の企てに対して、日本政府は当然反発し、阻止すべく策を講じるのですが、吉里吉里国は東北の特質を生かした食料やエネルギーの自給自足で足元を固め、高度な医療（脳死による臓器移植）や独自の金本位制、タックス・ヘイヴンといった経済の切り札で世界各国にアピールすることで、国の存続をはかろうとします。

吉里吉里人の物語は荒唐無稽だったでしょうか？　じつはそう思われるものにつきあってみると、意外にも近代国家を秩序立てている「**法**」にぶつかることが多いので

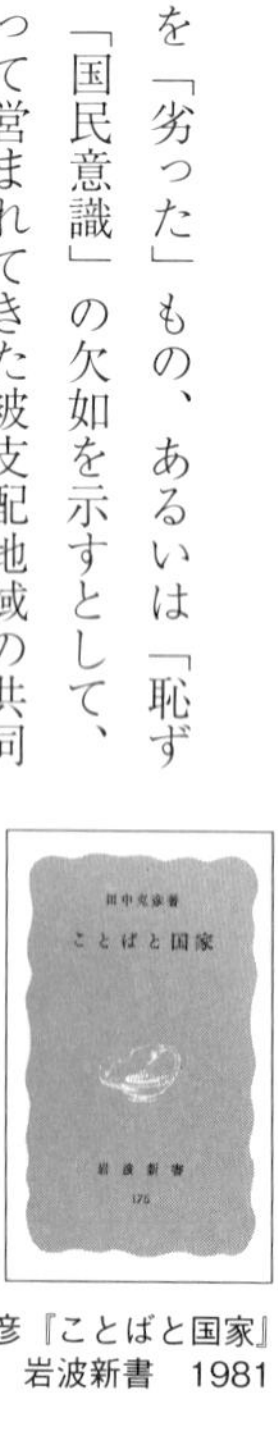

田中克彦『ことばと国家』
岩波新書　1981

す。吉里吉里人の例でいえば、吉里吉里国が行う言語の統制や経済政策など一連の出来事が、日本国という法に違反するのです。いわば、マジョリティの法とマイノリティの法の違いともいうことができます。

それでは、つぎの話をみなさんはどう思われますか？

ケネディ大統領がアボリジニに会いに来る？

「ケネディ大統領はグリンジ・カントリーを訪問し、アボリジニに出会った」。

グリンジ・カントリーは、オーストラリアの片田舎にあるアボリジニ（先住民）の村です。オーストラリアは南半球にある広大な国ですが、そんな村にアメリカのケネディ大統領が来たという事実は、歴史的な「史実」に照らせばもちろんありません。しかし、アボリジニの長老は、大蛇に大雨を降らせて牧場を流した、などと荒唐無稽な話をつぎつぎに、淡々と、語ります。

こうした語りに数多く出くわした保苅実さんは、「史実性という呪縛から完全に解放された歴史学の方法をまじめに模索する必要があるのかもしれない……」と考え始めます。つまり、「ありえない・排除されるべき」口述の歴史、それを事実ではないとして退けることは簡単です。しかし、混沌とした状況であえて「ありえない話」を本気で受けとめる歴史実践がありうるか、という思考実験がここにあります。

保苅実『ラディカル・オーラル・ヒストリー　オーストラリア先住民アボリジニの歴史実践』御茶の水書房　2004

大地の法

保苅さんが出会ったジミーじいさんは、いつも大地に絵を描きます。絵は風が吹けばさっと消えてしまいます。アボリジニはすべて「大地」や「ドリーミング」（祖先神）から「倫理」を得ています。

倫理とは前回見たようにとっつきにくい抽象的なことばですが、アボリジニの世界観はそれとは異なります。すべては大地からやってきて、人びと、丘、川、カンガルー・草・スネークなどの生きもの、これらすべてが、存在する権利をもち、自分の法と文化をもっています。この「大地」こそが、アボリジニの神話体系、法概念、霊的世界観をもっとも集約したかたちで表現する、と考えられます。そのなかで倫理とは行動上の規範の問題であるとともに、地理上の方向の問題でもあります。法は丘であり川でもあるので、実際に触れることができます。目に見え手で触れることもできる「具体的」かつ「物理的」な法なのです。

ジミーじいさんは紙やキャンバスの上に地図や動植物などの図柄を描くことは決してありません。もしも地図を紙の上に書いてしまったら、その地図は方角（倫理の方向性）を失ってしまいます。それに対して、白人の学校では本とペンを用います。書かれた文字はいつまでも「史実」として残ります。白人の法が倫理を欠いているのは、それが紙の上に書かれた法だからとジミーじいさんは推察します。白人は紙の上に法を書き込みますが、その法が気に入らなくなると、すぐに破り捨てて新しい法を

つくります。しかし、アボリジニの法は、大地であるために決して変更されることはありません。

紙っぺらの法

今度は持ち運びのできる紙の法について考えてみたいと思います。経済学者の岩井克人さんが書いた『ヴェニスの商人の資本論』という面白い本があります。シェークスピアの戯曲を題材に、それぞれの登場人物の役割を読みといたものです。

【問題12・3】ヴェニスの貿易商でキリスト教徒であるアントーニオは、親友の求婚資金を工面するために、ユダヤ人の高利貸シャイロックからお金を借ります。しかし、商船が難破して財産を失い、借金返済ができなくなります。じつはアントーニオは、シャイロックからお金を借りる際に、返済が滞った場合違約金のかわりに「自分の体の肉1ポンド分を渡す」という証文を交わしていたのです。

そこで裁判が開かれるのですが、さてどちらがどういう理由で勝ったでしょうか?

【解答12・3】シャイロックではありません。じつはアントーニオが勝ったのです。どのような判決だったのでしょう?

それは「アントーニオの肉1ポンド分を渡そう。ただし一滴たりとも血を流してはいけない」というものでした。つまり、肉を切るためには血を流さなくてはいけませ

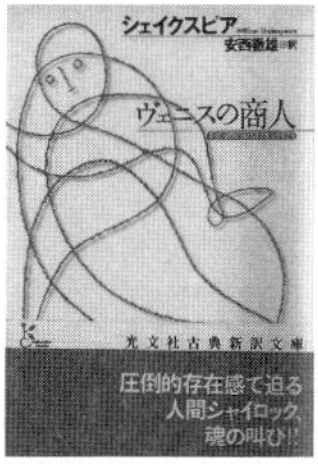

シェイクスピア　安西徹雄訳
『ヴェニスの商人』
光文社古典新訳文庫　2007

んが、実際には不可能だという論法です。証文に書かれているとおり、紙の法を逆手にとったのです。こうして裁判には勝ったのですが、ここで岩井さんの分析が面白いのは、アントーニオが敗れたととらえていることです。どうして負けたのでしょう?

利益がどうして生まれるのか

アントーニオは兄弟的な仲間社会(**共同体**といいます)を大切にしていますが、このままでは利益は生まれません。なぜなら共同体の内部における人間関係では、相手からの見返りを期待するようなモノやサービスの**交換**は拒否されるからです。もしみなさんにきょうだいがいれば、かわいい妹のためなら多少の無理をしても何か買ってあげたりするでしょう(**贈与**といいます)。商品交換を成り立たせるためには、きょうだいや仲間ではない、共同体の外部と関係を結ぶ必要があります。それがヴェニスの町に住む異邦人であるシャイロックだったのです。

アントーニオは、自分をシャイロックの「敵」と見なすことによって、シャイロックが自分から利子をとることを正当化し、自分自身の兄弟的な仲間関係を壊すことなく、肉1ポンドと引換えにシャイロックからお金を借りることができました。じつは**資本主義**の原理は、こうして異なる共同体のあいだに存在する**信仰や価値観の違い(価値体系の差異)**を媒介として、利益を生み出すことなのです。

ユダヤ人は、周りのキリスト教徒を自分たちの共同体の外部の者として、彼らに利

(提供)s-hoshino

子つきでお金を貸すことができますし、キリスト教徒はユダヤ人を自分たちの共同体の外部の者として、彼らに利子を支払ってお金を借りることができます。キリスト教を基盤とする同じ価値体系のなかにいる者同士はお金の貸し借りができず、利益は生じません。

交換に私情をはさまない市場

岩井さんは、アントーニオとシャイロックとの対決を、キリスト教共同体とユダヤ共同体との対決ではなく、「兄弟的な関係によって成り立つ共同体内部の精神と、貨幣とモノを等しく交換する（等価）関係のみで成り立つ共同体外部における論理との対決」だと見ています。

あらゆる国の人が集まる遠隔地交易の基地としてヴェニスが存続するためには、町の内部でどれほど兄弟的な仲間が大切にされても、争いごとは共同体外部に通用する抽象的な司法の論理によって裁かれる必要があります。ここにキリスト教の自己完結した世界が敗れた理由があります。

紙っぺらの法がやっかいなのは、形式的でなければならないことです。お金（貨幣）とモノを等しい関係で交換させるためには、私情をはさんでは成り立ちません。この人とあの人という具体的な名前をもっていては利益が発生しません。この人でもあの人でもどの人でも成り立つ匿名性が高い関係をもつのが、市場の世界なのです。

岩井克人『ヴェニスの商人の資本論』
ちくま学芸文庫　1992

この抽象的かつ形式的な匿名の関係を保証するのが（紙の）法なのです。

歴史の再魔術化

いま、あらゆるものが「軽く」なっています。お金の歴史をたどれば、石↓貨幣↓紙幣↓電子マネー、情報でいえば、言葉（をかわす）↓手紙↓電話↓携帯メールといった具合に軽くなり、時間と空間を問わなくなってきました。おそらく殺人すらも軽くなってきています。「誰でもよかった」という無差別殺傷者の言葉には「あの人への積年の恨みを晴らす」といった具体的な名前はなく、形式的な匿名の関係のみを浮かび上がらせます。誰でもよかったという言葉と、誰とでもよいという交換関係を成り立たせてきた市場経済とは、無関係ではありません。そういった意味で、いつでもわたしたちは被害者として交換され、無差別殺人に偶発的に出くわすのです。

こんなとき、アボリジニや吉里吉里人の話は、わたしたちに顔の見える具体性をもった「地域化された＝ローカルな歴史」を提示してくれるようにも思えます。グローバルな市場経済という**「世界の脱魔術化」**（ウェーバーのいう経済合理性の一元支配）にあらがって、**歴史の再魔術化**（保苅さん）に思いをめぐらせてみてはどうでしょうか？

（s-hoshino）

第13回

生

疎外された労働と生き方

卒業後に就く仕事
プラダを着た悪魔 vs モダンタイムス
労働疎外の4つの要素
資本主義に適合する職業倫理
他人指向型人間の孤独

卒業後待っている仕事＝生き方

みなさんが卒業後就きたい職業は何でしょう？　プロ野球選手でしょうか？　キャビンアテンダントでしょうか？　どれも現実的ではないですね。これらの職業は小学生が抱く〝夢〟です。AO入試の面接の担当をしていて、将来の職業志望で多いのは、公務員です。定時に帰れてお給料が安定して、潰れないのがその大きな理由です。ちなみに一昔前は、公務員は民間企業よりも薄給で、体が病弱でも勤められるイメージがありました。いまは良く見えても、軒並み膨大な借金を抱えている国や自治体の公務員が今後安定的な職業であるのか、保証はどこにもありません。

そして授業の合間や、夏休み、冬休み、試験休みなど一日を自由に使える時間が、会社や役所に入れば、9時から夕方5時まで、残業も含めれば大半の時間を奪われる

と多くの学生が考えています。生きていくためには仕方がないけれども、できれば働きたくないと本音の部分では思っているのではないでしょうか？　今回のテーマは生きる意味で大きなウェイトを占めている仕事のあり方です。

プラダを着た悪魔

みなさんは映画『プラダを着た悪魔』を見たことがあるでしょうか？　仕事とは何かを考える時の参考になる物語です。映画のキャッチコピーも「恋に仕事にがんばるあなたの物語」とあります。ジャーナリストを志していた主人公の女性・アンディは田舎からニューヨークに上京し誰もが憧れるファッション雑誌『ランウェイ』の編集部の求人広告を見て、内情を知らずに応募し、就職します。

彼女がアシスタントを務めることになった『ランウェイ』編集長である悪魔・ミランダは、ランウェイのみならずファッション界において絶大な影響力をもつリーダー的存在です。しかし、悪魔のミランダは、ワンマン・完璧主義・おまけに気まぐれで有名、「もしここで一年働けたらどこでも働ける」といわれるほど激務で、すぐにアシスタントが辞めていくのでした。アンディも当然のようにミランダから、台風で欠航した飛行機を飛ばせだの、発売前のハリーポッターの本を数日以内に手に入れろだの、次々に無理難題を突きつけられます。

アンディは、ファッションに興味はありませんでした。初めはダサい服を着て「服

なんて着られたら十分でしょう」という態度をとります。ミランダが異なる二タイプのベルトを、服にコーディネートするシーンでも、「そんな物。どっちも同じのベルトに見えるわ」とあきれるアンディに、「いま、あなたが着ているその青いセーターの青は、二年前に、この部屋で、私たちが〝そんな物〟のなかから選んで作られたものなのよ」とミランダが語るシーンがあります。世界中の流行は、この部屋で生まれることを彼女に言って聞かせます。

また、「でも、もしこの世界が私の望まないものだとしたら？　もし私はあなたのようには生きたくないとしたら？」というアンディの問いかけに対して、ミランダは「バカを言わないで、みんな私たち（ファッション業界のトップ）みたいになりたいと思ってるわ」と切り返します。

徐々に彼女は、仕事に没頭し、少しずつミランダの信頼を得ていきます。仕事を楽しんでできるようになってきた一方で、激務のあまり恋人や友人とのすれ違いが大きくなり、仕事とプライベートの間で悩んでいくことになります。

ある日ミランダの家を訪ねたアンディは、ふだんは絶対見せない彼女の真実を知ってしまうのです。家庭はボロボロで、離婚を突きつけられ泣いているにもかかわらず、仕事を最優先させるミランダを見て、自分のプライベートも崩れかけているアンディは、「私が求めているのはこんな人生じゃない」と気づくのです。

そしてパリでのファッション・ショーのあと、ミランダから呼び出されるとすぐに

PRADA

プラダを着た悪魔　DVD
アン・ハサウェイ，メリル・ストリープ主演
デイビッド・フランケル監督
20世紀フォックス　2006

出ていた携帯電話を水に投げ捨て、ミランダと決別します。そしてかねてからの夢だったジャーナリストの職をニューヨークで得ることになります。

アンディは仕事で失敗したのではなく、まさにミランダにつぐトップに近い地位を目前にして、それを捨て去りました。すなわち、仕事の成功を捨てて、自分の望む人生を生きる選択をしたのです。物語としては、家庭や自分を犠牲にしてキャリアを上りつめる仕事から、自分らしく自分のペースでキャリアを追求する仕事へと、仕事「本来の」意味を追求した作品といえそうです。

「本来」とここで用いたのは、誰しも仕事をほどほどにして、プライベートを大事にしたいと本音では思っているのですが、経済状況や労働環境がそれを許さない時代に突入しています。いわゆる「**労働疎外**」という問題が私たちにふりかかってきます。つぎにこの疎外された労働を見ていきましょう。

チャップリンのモダンタイムス

世界的な喜劇王であるチャールズ・チャップリンの映画の代表的な作品の中に、『モダンタイムス』（１９３６年）という物語があります。タイトルは「近代」という意味ですが、機械化が進み、人間の仕事が機械の一部として取り込まれていく様子をパロディー化して映画に撮ったのです。

主人公のチャーリーは、機械化された工場の工員として、羊の群れのような労働者

モダンタイムス　DVD
チャールズ・チャップリン監督・主演　1936

のひとりとして、近代的な生産システムの一部になって道具を握ります。経営者である社長は、モニターで工場内の労働者の作業を監視し、生産の能率アップを目論んで労働者の食事時間を削る自動食事機導入まで検討します。

生産性を上げたい社長はベルトコンベアのスピードアップを命じ、そのスピードに人間としての労働リズムを狂わせられたチャーリーは仕事に熱中するあまり、機械の歯車に巻き込まれてしまいます。

会社という**資本主義社会のシステム**が、人間の労働力を極限まで絞り出すことで得た利益によって成り立つという問題の本質は、「派遣切り」など現代にも十分通じる内容を含んでいます。つまり、会社の歯車であることと、実際の工場の歯車の一部として働かされる悲劇が、喜劇のかたちで見事に描きだされているのです。

チャーリーはある女性と出会い、食べるために働き、解雇され、投獄され、また食べるために働く、を繰り返していきます。そこでは彼が働く意義を自己の労働に見いだすことはありません。

疎外された労働

なぜ仕事がつまらなくなり、時として仕事に人間が飲みこまれてしまうのか。それを真剣に考えたのが、カール・マルクスという一九世紀の経済学者でした。名前くらいは知っている人が多いかもしれません。私たち現代（近代）人が労働から疎外され

マルクス『経済学・哲学草稿』
城塚登・田中吉六訳
岩波書店　1964

た存在であると言っています。どういうことでしょう。

彼は、人間というものを自然な状態の存在ととらえて、その立ち位置からすれば、お給料をもらってする仕事は、人間的な労働からかけ離れていると考えました。それを4つの要素からみていきます。

ひとつめは「**労働生産物からの疎外**」という問題です。『プラダを着た悪魔』のアンディはファッション・ショーで出品されるような機能的でない洋服を着ることはありません。チョコレートを例に考えてみます。これを読んでいる人で好きか嫌いかは別にして、食べたことがない人はいないと思います。チョコレートの原料となるカカオの実は、アジアやアフリカの途上国でプランテーションという植民地主義に由来する多国籍企業の農園方式で生産されていますが、ここでカカオ栽培に従事している人はその味を知りません。チョコレートを食べたことがない人がほとんどです。ただ先進国の消費者の嗜好に合うように規格化された作物を作らされているだけです。

つまりカカオという原料（生産物）を日本をはじめとする先進国のために、わずかばかりの賃金と引き換えに栽培しているのです。その意味において農園で働く人びとは労働生産物から疎外されていることになります。モダンタイムスでいえば、チャーリーが作ったものは会社の製品（生産物）として、お金を出してそれを買った消費者のものになるのです。

2つめが「**労働からの疎外**」です。アンディはミランダの指示に従っていて、こう

いうファッションの服をつくりたいという企画を出すことはありません。また、カカオを栽培する労働者が、自分たちが食べるためであれば、味のよいカカオを育てて家族を喜ばせようと思うかもしれませんが、先進国の規格とおりにただひたすら生産して賃金を受け取る以外の選択肢を、彼らは与えられていません。

もし「このようなカカオの方がいいのだが」と労働者が経営者に申し出ればクビになるかもしれません。自分たちのための仕事ではないという意味において、労働から疎外されていることになります。『モダンタイムス』のチャーリーも創作アイデアはあっても、それを実際に作ることはありません。労働の意味は自己ではなく、社長をはじめとする経営側が握っているのです。

3つめは、「**類的存在からの疎外**」です。パリのファッション・ショーでは結果として、アンディは同じアシスタントである女性を裏切ってパリに来た報いを受けます。そしてミランダから、「この世界で生きていくためには周りの人間を踏み台にするのは必要なことだ」と言われます。つまりお互いに理解し協力しあう類的存在ではなく、つねに仕事の成果である業績を上げることが求められ、その際には他人を蹴落とすことも厭わないやり方を要求されます。職場の隣人は、楽しい仲間ではなく、つねに競争を促されるライバル関係なのです。

工場の作業効率に適応した者だけが生き残り、チャーリーのようにベルトコンベアのスピードに追いつけなかった者は社会の「敗者」として弾き飛ばされていきます。

ニューヨーク高級ブティック街
ソーホー（s-hoshino）

最後は「**人間からの人間の疎外**」です。類的存在から疎外された人間は、人間が本来もっている自然な感情を失ってしまう方向に動きます。社会常識とされる生産システムに適応できないチャーリーのような人間は、社会に不適合なだけでなく、人間失格の烙印を押されてしまうのです。アンディがファッションの第一線に立とうとしたとき、恋人や友人、家族を失い、人間本来の自然な感情を見失ってしまいかねないと気づいたため、すんでのところでこの人間疎外を回避できたといえるでしょう。

このようにしてみると、実は「プラダを着た悪魔」は、マルクスがいう「労働疎外」の4つの要素への参入と離脱を物語化したのかもしれません。

禁欲する≒仕事の成功

マルクスがとらえた労働は、基本的に人間を疎外するという前提に立っていますが、計算された予測可能性にもとづく労働はどうして生まれてきたのでしょう。

ドイツの社会学者マックス・ウェーバーは、『プロテスタンティズムの倫理と資本主義の精神』という本の中で、近代資本主義がなぜ西ヨーロッパ社会にだけ成立したのかを宗教的観点から解き明かしました。結論を先取りすれば、**キリスト教のプロテスタンティズム**がもつ「**世俗内禁欲**」という態度が、結果として資本主義によく適合する**職業倫理**を用意したというものです。

もう少し詳しく言うと、予定説というプロテスタントの教義があり、あらかじめ神

ウェーバー　大塚久雄訳
『プロテスタンティズムの倫理と資本主義の精神』
岩波文庫　1989

に救われる人間と救われない人間が決まっていて、神に従った人間のみが救われるのです。その証しが、「世俗内禁欲」という態度で、天職である仕事にエネルギーを集中して儲けることは考えてはいけないという教えです。今の会社と同じように月曜日から土曜日までは神の教えによって働き、日曜日は安息日として神に感謝する生活です。これはきわめて合理的・計画的な生活で、現在の資本主義の労働に適合的です。

さらに、お金が入ってもその場で使ってしまっては、資本である元手が残りません。つまりお金を貯めてそれを元手にして初めて拡大再生産と規模拡大が可能になるのが資本主義のしくみなのです。プロテスタントは散財を戒め、蓄財することを勧めていましたので、この資本主義の考え方にとても近いといえます。

内部指向型から他人指向型へ

ただし、ウェーバーが描いたのは資本主義における初期の段階であり、いまでは何かの宗教的倫理をもって価値を内面化している人はむしろ少ないといえます。デイヴィッド・リースマンという人は、『孤独な群衆』という意味深な本の中で、資本主義の初期段階の価値を内面化した人を「**内部指向型**」人間、さらに資本主義が進んだ現代型の人間を「**他人指向（レーダー）型**」と名づけました。

内部指向型の人間は、自分の内なる信念をもって仕事に臨みました。それに対して、現代の大学生は、将来の職業志望に対してとくにこれといった明確な意思はもっ

リースマン　加藤秀俊訳
『孤独な群衆』上下　みすず書房　1964

ておらず、みんなそうするからという漠然とした答えが返ってくることが少なくありません。

自らの信念をもって労働に励む内部指向型の人間は、現代社会では協調性のない人間として必要ないということになります。たえず自分ではない他者の関心に気を配る人間が求められることになります。いわゆるレーダーを備えた他人指向型人間です。他人からどのように思われているかを、つねに関心の中心におくのです。

Facebookやtwitterなどで自分がどのように思われているかをつねに意識する人がその典型です。学生の「トイレ食」（別名便所飯）なども典型例ですが、ひとりで大学の食堂で昼食をとっていると「友達もいなくて、ひとりでさびしい人間」と思われないように、わざわざトイレにこもって食事する学生を指してそのように呼びます。他人にどう思われているかに過剰に反応する人間が現代型といえます。リースマンいわく、「他人指向型の人間は**孤独**であることに耐えられない」と。

わたしたちの生き方とは、その時その場の雰囲気とでもいえるものに敏感に反応することで柔軟に世の中を渡っていくことであるといえます。アンディが物語の途中で、古臭い服装から、その時々のファッションの流行に敏感なOLに進化しますが、この華麗な変身は内部指向型から他人指向型への転向なのです。

現代の仕事ひいては生き方そのものが、ある**社会的性格**を強いるようになります。そのうえでみなさんはどのような生き方を選ぶのでしょうか。

第14回

死

reverse/goal/restart/start

死神　命のロウソク
生のフィニッシュを飾る死
輪廻転生・解脱・魂のゆくえ
イキガミ　あと24時間しか生きられない
自殺大国日本
19世紀西欧のデータ　アノミーの自殺
社会と個をつなぐ糸

死神の精度

「ゴールデンスランバー」や「重力ピエロ」などの作品で知られる仙台在住の作家・伊坂幸太郎さんの作品に『死神の精度』という百万部を超えるベストセラーがあります（続編の長編は『死神の浮力』）。**死神**は、私たち人間世界に見た目は同じ人間として派遣され、死ぬ予定の人を一週間にわたって観察し、その人が死ぬことを「可」とするのか、それとも「見送り」とするのか決めます。そして8日目に人間の死を見届けるのが仕事です。

その死神である千葉が人間の世界にいる時はいつも雨で、彼は特段人間が死のうが死ぬまいがどちらでもよく、人間がつくった音楽を聴くのが好きで調査にかこつけてCDショップに入り浸っています。人間の習性に囚われていないため、ちょうど社会

伊坂幸太郎『死神の精度』
文春文庫　2008

学者のように、人間の日常世界がとても奇妙に見えてしまいます。調査対象の人物に対して、たとえばステーキを指して「死んだ牛はうまいのか」と頓珍漢な質問をします。もちろん死神は人間の死や人間のリアルさには興味はなく、無頓着です。

「死ぬことが怖い」と漏らす人間に対して、死神は「生まれてくる前は、怖かったか？　痛かったか？」と尋ねます。すると人間は「いや」と答える。それに対し「死ぬということはどういうことだろう。生まれる前の状態に戻るだけだ。怖くもないし、痛くもない」とクールに伝えます。そして死神は独り言で、「人の死には意味がなく、価値もない。つまり逆に考えれば、誰の死も等価値だということになる。だから私には、どの人間がいつ死のうが関係がなかった」と吐露します。

これほど死に対して無頓着でいることができる人は少ないでしょう。このように死神の目を通して、**人間や社会のリアリティ**（**現実感**）を浮き彫りにする作品なのです。

消された命のロウソク

落語の世界にも死神が登場します。病人の枕元に死神が立てばダメで、足元に座っていたら助かるのですが、主人公である医者にその死神が見えるようにしました。治療を頼まれた医者がお金持ちの家に行ってみると、枕元に死神がいたのですが、死神が居眠りをしているうちに布団を半回転させて足元に死神がくるようにしました。

大金をもらって家路を急いでいた医者は途中で死神に捕まり、洞窟に案内されま

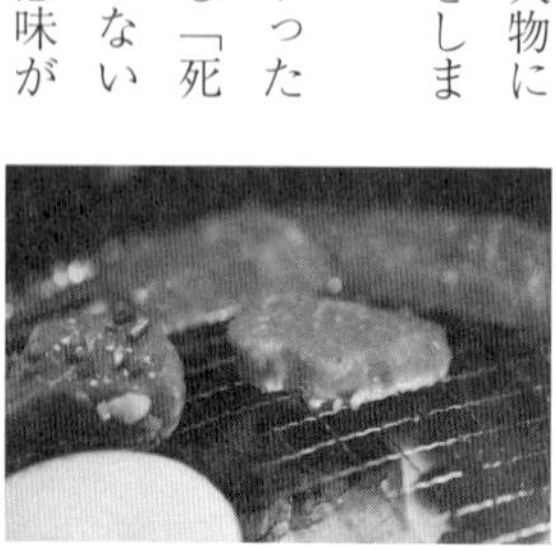

死んだ牛はうまいのか

す。そこには大量のロウソクが揺らめいていて、訊くとこれらすべてが人間の寿命だということでした。

「じゃあ私は？」と恐る恐る訊く医者に、死神は今にも消えそうなロウソクを指さしました。死神は小声で「お前は大金に目がくらみ、自分の寿命を患者に売り渡したんだ」。ロウソクが消えればその人は死ぬことになります。つまり、お金のために患者を助けた命は、実は自分の命を削った代償であったと死神から知らされたのです。半狂乱になった医者は、死神から渡されたロウソクに寿命を継ぎ足そうとするわけです。「あっ、消える！」

ここからどうなったでしょう？

じつはこの後は落語の噺家《はなし》によってさまざまなバージョンが存在します。まずはハッピーエンドで終わるパターンがあります。ロウソクの継ぎ足しに成功して運よく生き残るというものです。しかし、その逆で医者が死ぬパターンも数多く存在します。

継ぎ足したロウソクを持って、その灯りで洞窟に戻り、死神が「もう明るいところだから消したらどうだ」と囁かれて、自分で消して死ぬというものもあります。

またこういう落ちもあります。一度はロウソクに火をつけることに成功しますが、死神が「今日がお前の新しい誕生日だ。ハッピーバースデートゥーユー」と楽しく歌うと、つられた医者がバースデーケーキのようにロウソクの火（命）を吹き消してし

まいます。

さらには、ロウソクが消えても生きているバージョンもあります。死んだ医者が死神となり、自分に儲け話を持ってきた死神と同じように、別の男に儲け話をもちかけるエンドレスな物語もあります。

意外に死に多感な大学生

いま見てきた死神というお話は、絶対的な死、避けては通れない死を裏側からみることで、私たちの生が実はいかに見えない意図（糸）に操られているのかを考えてみるものでした。さて、みなさんは死について考えたことはどれくらいあるでしょうか？ 実はこのテキストが対象とする大学生の世代が「**死**」について敏感であるといわれています。これを聞いて少し安堵した人がいたとしたら、これを書いている意味があります。

ふだん親や友達に死について考えているとはなかなか言えず、恥ずかしいのでひそかに考える人がほとんどです。私も大学生のころ死について考えたことがありますが、もちろんまわりの人には誰にも話しません。ものすごく怖いわけです。つまり、死神のような死の裏側など存在しないという立場です。

この考え方をとれば、自分の考えているこの意識は、死ねば消滅してしまいます。永久に。永遠に。無・・・。

亡くなった人の冥福を祈る

何もない世界が拡がっているわけです。いやその感覚すら存在しません。聴覚・視覚・味覚・触覚・嗅覚といわれる五感すべてが奪われた世界が待っているのです。それぞれの感覚を奪われたと想像してみてください。そのように考えると、なぜみんな平気で日々の生活をしているのかと恐怖に襲われる夜もありました。でも自分でいくら考えても答えは得られないので、死について考えることを諦めてしまいます。ある臨床医の講演を聞いて、この年代の時期に死に対して多感になることがあると教えられ、少し安堵したことを覚えています。

ちなみにアイソレーションという装置を使えば、私たちが揺るぎないと思っていた**身体感覚**は崩れてしまいます。中が真っ暗になる日焼けサロンのようなカプセルのなかに塩水を浸し、そこに裸で入ります。暗いし音も聞こえないし、裸で浮いているので体の重みもありません。体温とほぼ同じなので普段はしっかりしているはずの体の内と外との境界が曖昧になってきます。このようにすれば、身体感覚を遮蔽することで五感を奪うことができるのです。体験した人は身体が「溶ける」感じがしたそうです。宗教的儀礼で麻薬が使われるのも同様の効果をもたらします。

死をワクワクして待つ人びと

みなさんは死ぬことが怖いでしょうか？　突然がん宣告を受けて余命数ヵ月と聞かされれば、どれだけ強がっても泣いておののくことでしょう。つまり、普通に考えれ

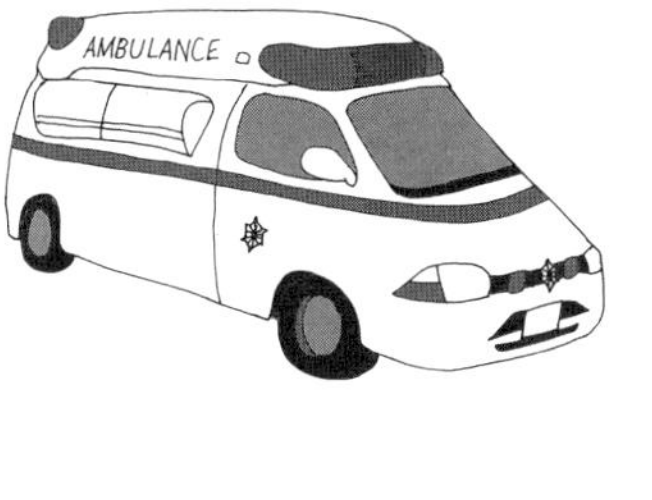

ば死は怖いものです。できれば避けたいものです。ターミナルケアといわれる終末期医療、医療から見放された人を看取る医師の先生のお話を聞いたことがありますが、ほとんどの人が「まさかの坂」を言うそうです。

「定年になって今から余生を楽しもうという矢先に…」「子育てが終わってこれからという時に…」「まさか自分が不治の病にかかるなんて…」。当初患者は死を受け入れられないのでジタバタしてあがくのだそうです。死は誰にでも訪れるのですが、自分だけはできれば無縁でいたかったというかなわぬ願望が表れてきます。

ところが今からするお話は、死は怖いどころか死を迎えることをワクワクしてむしろ楽しんでいる人びとがいます。えっ、と驚かれるかもしれません。死はそこで行き止まり。ゴールと言いかえてもいいですし、フィニッシュと呼んでもいいでしょう。

【問題14・1】 死をそのような終わりとはとらえず、始まりとして考える人びとがいます。さてそれはどういう考え方でしょうか?

【解答14・1】 その通りです。仏教の「輪廻転生《りんねてんしょう》」。よく○○の生まれ変わりだというあれですね。天界・人間界・修羅界・畜生界・餓鬼界・地獄界の六つの世界があって、前世までの善い／悪い行いが、来世の世界を決めるのです。つまり善い行いをすれば、上の世界に上がれるし、悪い行いをすれば地獄に落とされるというものです。この考え方に基づけば、人間が死んだ後も延々とその後の世界が広がっていることに

舞う菩薩像（平等院）

なります。魂が連続しているという考え方をとります。

この六道から逃れる方法があります。それはあたかもロケットに乗って飛び立ち無重力の世界に入るようなものです。それを「解脱《げだつ》」と言い、成仏することができます。しかし、普通の人は解脱できません。解脱するには厳しい修行が必要となります。日頃から修行僧はどういう鍛錬を積むのかというと、体から意識を抜くように日夜励んでいます。そうすることで、いざ死を迎えた時に肉体から魂が離れて解脱する可能性を試せるわけです。

死は彼らにとって一生で一度の大勝負、オリンピックのようなものなのです。日頃の練習の成果が、大勝負の舞台で試せる機会なのです。そのため死を迎える瞬間、キター‼とばかりにそれまでの修行を初めて実戦で試せる時がくるわけなので、当然ワクワクするのです。意識を見ることができる自分を残したまま、自分の意識を消してしまうと時間の感覚はなくなり、生と死の区別自体が意味を失うというものです。

死は社会的なもの

生物的な死は個人的な出来事ですが、死そのものは社会的な出来事です。人の死の始まりをどこにおくのかという問題があり、脳死や堕胎なども一線を越えれば犯罪になります。紙一重のところで、生／死の基準が社会によって異なってきます。

普通人が死ねば周囲は悲しむわけですが、ところ変われば死を楽しむものにしてい

ブータン寺院ゾンの壁画に描かれた輪廻転生を表す六道

る社会もあります。インドネシアのバリ島がそれです。バリでは賑やかな音楽を奏でる行列が道を練り歩き、お祭りかなと思い近づいてみると、実はそれが**お葬式**だったということがしばしばあります。観光案内所でも芸能やお祭りの観光ツアーのスケジュールに、お葬式が組み込まれています。エッと思うかもしれませんが、お葬式も観光資源なのです。私たち日本人からすれば、「忌中」の言葉通り、死者は忌避され、周囲は喪に服してしめやかに振舞うべきという常識的感覚があります。それではなぜお葬式が観光となるのでしょう? 貧しいからお葬式に観光客の金銭的な支援がいるのでしょうか?

それは違います。実は自分の家がこんな立派なお葬式ができるのだと、一族の威信や富を他の人びとに誇示するためなのです。ですので「お祭り」と見紛うような派手な行列にして、みんなが来てくれてありがたいという感覚をもつのです。

不殺生が富を独占する

死が社会的に決定し、富に結びつく興味深い例としてインドのジャイナ教が挙げられます。ジャイナ教は不殺生、つまり生き物を殺さない教えを守っています。これは偶発的な殺生も許されない徹底ぶりです。息を吸って飛んでいる虫をうっかり死なせてしまうことを避けるために、信者は口の前に小さな衝立を取り付け、不意に虫が口の中に入らないようにしています。また、虫を踏みつける危険があるので裸足で歩

き、地中の虫を殺してしまわないように基本的に農耕をしません。そのため職業も限られてきます。

さて殺生をしない職業とはどのようなものが考えられるでしょう。金融、金細工、宝石製造など座ったまま従事できる仕事が多く存在しています。独立前のインド人口の約1%しか信者はいませんでしたが、全インドの富の半分を彼らが握っていました。外には出ずに仕事に励んでいたので、大きな蓄財ができたのです。

魂のゆくえ

民俗学は戦争に反対した唯一に近い学問として知られています。当時学問の戦争協力は是とされ、拒否すると国賊扱いに追い込まれました。なぜ民俗学は戦争に反対したのでしょう?

なかでも民俗学者である**柳田国男**は、死者との関係から戦争に対して反対の立場をとりました。つまり家長が戦争に行って死ぬと、先祖の霊魂を祀《まつ》る人がいなくなり、その魂は彷徨《さまよ》うことになるというものでした。したがって、祀る/祀られる関係をみた場合、その安定的な循環を壊すような戦争は、**先祖の魂**の安寧という観点から賛成できるものではない、という立場なのです。

「先祖」という観念は、イエという親族単位に留まらず、生活を共にする村や共同体へ広がる考え方を含んでいました。「どこかささやかな丘の上からでも、見守って

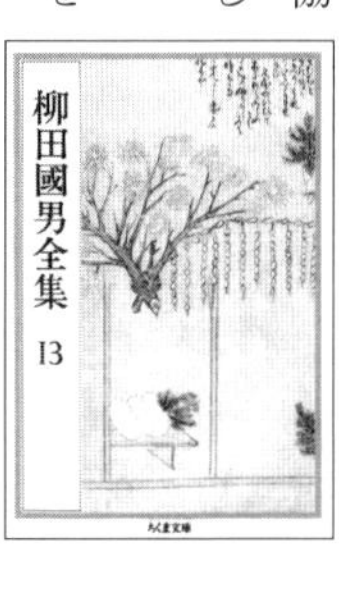

柳田国男 『先祖の話』
『柳田國男全集』13 ちくま文庫
(初版 1945)

居たい」、そのように願わずにいられない柳田の考えには、祖霊の棲む場所に自分も加わることを祈念する、仏教以前の日本の宗教観が示されているといえるでしょう。

このように私たちは死ねばどこに行くのかをつねに考える訓練をすることで、イザという時にジタバタしなくてすむのではないでしょうか。いわば**死を飼い慣らす**ことで生き生きとした人生を送ることができるかもしれません。

イキガミ

「あなたはあと24時間で死にます」。

このようなことを見知らぬ人に言われたら、ウソーと笑いとばすか、何バカなことを言ってるんだと相手を怒鳴りつけるかでしょう。それほど荒唐無稽です。そう、これは架空のお話です。間瀬元朗さんの『イキガミ』というマンガで、俳優の松田翔太主演の映画にもなりました。イキガミとは「逝紙」と書いてこのように読むのですが、通称でこう呼ばれる「死亡予告証」が死の24時間前に役人の手によって本人に届けられます。

どうして死期がわかるかというと、すべての国民が小学校入学時に予防接種を受けます。国がその注射に千人中1人の割合でナノカプセルを混入させており、当たった人は18～24歳までのあらかじめ決められた日時に心臓の肺動脈内でカプセルが破裂し、命を奪われるという設定です。

間瀬元朗
『イキガミ』1～7
ヤングサンデーコミックス
小学館　2005～09

では、なぜこのような恐ろしいことをするのでしょうか？　じつはひそかにこの予防接種が行われるのではなく、国民に周知させたうえで実施されます。

新入生が予防接種を受けた後、校長先生が全校生徒の前で入学の祝辞を述べ、立派に成長するよう期待しますと訓示したうえで、「でもその前に、みなさんは大切なことを知っておかなければなりません。みなさんをはじめ今日入学した全国の新1年生のうちの何人かは、大人になる前に……死んでしまいます」と冷酷に告げるのです。

国民は24歳を過ぎるまで「自分は死ぬのでは……」という危機感をつねに抱きながら成長することになります。この**「危機感」**こそが**「生命の価値」**に対する国民の意識を高め、社会の生産性を向上させるのです。通称「国繁」といわれる国家繁栄維持法によって、平和な社会に暮らす国民に対し、「死」への恐怖感が植えつけられ「生命の価値」を再認識させられていきます。

生とは何か?!

【問題14・2】ここでもう一度みなさんに聞きます。あと24時間しか生きられないとしたら、どのような行動をとるでしょうか。下に書いてみましょう。

【解答14・2】まず、いま読んでいるこの無駄なテキストは閉じますよね。今日入っているバイトもやめるでしょう。友達との飲み会もキャンセルして、昼寝なんて無

あと24時間しか生きられないとしたら、どのような行動をとりますか？

駄な時間の使い方もしません。このようにわたしたちが日常繰り広げている生活は、じつは本気《マジ》に生きることとは直結していないことがわかります。

そこでこのマンガは読者に向かって訴えます。24時間を「死んだつもりで生きてみろ」と。すると今までダラダラ過ごしてきた日常生活がふっとんで、生きる意味がガラリと変わります。

マンガでもいくつかの物語が展開します。たとえば、田辺鳥男というミュージシャンがいて、所属会社から相性の悪いビジュアル系のボーカルと組まされます。田辺はボーカルの脇役でしかありません。その彼がイキガミをもらうのです。ラジオ（映画の設定ではＴＶ）番組に出る前にイキガミを受けとった田辺は、決められていた曲を歌わずに、もともと路上で組んでいた親友森尾秀和に向けて死に物狂いで歌い始めます。

イキガミを届けた役人の男性は上司につぎのように呟きます。

「でも皮肉ですよね。はじめからこの歌を歌っていれば、もっと早く人気が出たのに……」。

部下の言葉に対し、上司はこう返します。

イキガミ　DVD
瀧本智行監督　松田翔太主演
東宝　2009

「そうですね。でも、はたしてその歌自体がほんとうに優れていたかどうか……。むしろイキガミこそが、その歌をこれほどのものにしたんじゃないでしょうか……」。

国家のための死

国家のために切り捨てられた死が、国家繁栄のための礎《いしずえ》となる。国家繁栄維持法は、一見荒唐無稽です。現代社会では成立しないように思えるかもしれません。しかし、このフィクションから2つのことがわかります。ひとつは現実です。もうひとつは真実です。

国家のための死というセリフには、どこかで聞いたようなデジャブ（既視感）を抱いてしまいます。それもそのはず、個人が国や家のために犠牲になることが称揚されるのは、いつの時代にも「現実」としてあったからです。たとえば昔あった人柱《ひとばしら》がそうです。堤防やお城などの大規模な建造物が水害などの自然災害や敵襲によって破壊されないよう、生きた人を土台部分やその近傍に埋めて神様にささげ、無事を祈願しました。「白羽《しらは》の矢が立つ」という言い伝えがありますが、匿名の矢が家屋に突き刺さった家では、所定の年齢にある家族、たとえば少女を犠牲に差し出さなければならなかったといいます。これを人身御供《ひとみごくう》といいます。

あるいは、戦時中の赤紙《あかがみ》も国家繁栄維持法のいわば原型です。赤紙とは国家（軍

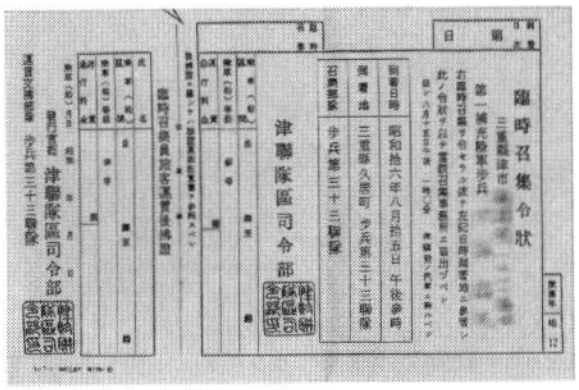
臨時召集令状
三重縣津市
第一補充兵陸軍歩兵
到着日時 昭和拾六年八月拾五日 午後参時
到着地 三重縣久居町 歩兵第三十三聯隊
召集部隊 歩兵第三十三聯隊
津聯隊區司令部
臨時召集員旅客運賃後拂證
津聯隊區司令部
歩兵第三十三聯隊

赤紙の例
召集令状は何よりも怖れられた

隊）が在郷将兵を呼び出す召集令状です。太平洋戦争では「お国のため」といって、特攻隊員の若者が往路の燃料しか積んでいない戦闘機に乗り込み、敵に体当たりして大海に散っていったことを知らない人はおそらくいないでしょう。これはパロディではなく、現実に起こったことです。

そしてもうひとつ、真実についてです。死によって生が輝くという真実。作家三島由紀夫が「私のただ一冊」の書として心酔した武士道の聖典である、山本常朝著『葉隠』のなかに、つぎのような一節があります。

「武士道と云ふは死ぬ事と見付けたり」。

死を自身の傍らにおいて生きることで、見えてくる世界があるというものです。生きることの精神的支柱とは何かを端的に表した言葉ですが、この真実について、今度は**自殺**という社会現象にそって考えてみましょう。『イキガミ』のマンガにも国繁の施行以来、自殺者が減ったというくだりがあります。生きる意味を見いだせば、人は自殺しなくなるのでしょうか？　このあたりの関連について考えていきましょう。

三島由紀夫『葉隠入門』
新潮文庫　1983

自殺大国日本

【問題14・3】さて、ここで問題です。いま日本で年間どれくらいの人が自殺しているでしょうか？

【解答14・3】 3千人ぐらい？ 多くて1万人くらい？ いやいや、そんなものではないのです。10年以上連続で自殺者数は年間3万人を超えました（図14・1）。どんな数字でしょうか？ この数字はかつて交通戦争と呼ばれた交通事故死者数の5倍以上、イラク戦争で戦死したアメリカ兵の10倍弱、自殺率でいうと、アメリカの1・7倍、イギリスの2倍にものぼり、先進国のなかではトップ、全世界を見渡しても12位（09年WHO調査）にランキングされています。

この数値は実際に自殺した実数をとっていますので、自殺を試みたが失敗した未遂のケースはどのくらいでしょう？ 一説によると、少なく見積もって4倍、多くて10倍ということですから、年間12～30万人にのぼるわけです。

では、自殺はどうして引き起こされるのでしょう？ 自殺は自らの意志で自分の命を絶つことであり、きわめて個人的な行為にみえます。したがって、自殺の原因を個人の資質や心理的な問題としてとらえがちです。ところが……。そうではないというのがいつもの意外性です。この自殺を単なる個人の問題ではなく、ひとつの社会現象としてとらえるとどうなるのかを研究した社会学者がフランスにいました。有名人の名前が一瞬出てしまいますが、フランスのデュルケームさんという人の『自殺論』というむずかしい本があります。ここではごくかいつまんで簡単に説明していきましょう。

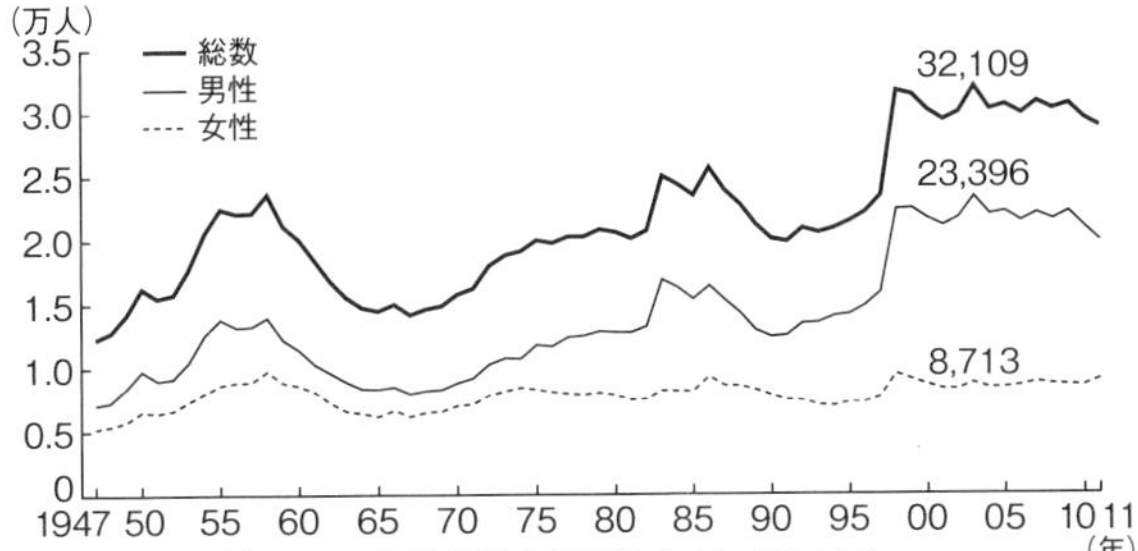

図14・1 自殺者数の推移（1947～2011年）
（資料）『自殺対策白書』平成25年版

社会的事実としての自殺

人の幸福や不幸をはかるにはどうしたらいいでしょうか？　ものが豊富にたくさんあるとか、精神的に豊かであるとかいう指標（ものさし）は時代によって異なるし、個人間でばらつきがあります。それに対して「自殺率は、それぞれの社会の〝平均的不幸〟を測定できる唯一の指標である」と説くわけです。

ふつうわたしたちが自殺に関して問いかけるのは、なぜ自殺するのだろうかという理由です。つまりなぜ死ぬのか、動機を知りたいと思うわけです。ところがその社会学者はこれを否定していくわけです。こんなものダメだ！　しょせん「本人の主観」にすぎない、というわけです。遺書などが残っていることがありますが、これも主観で、主観は絶対に事実には代えられないというのです。どこまでいっても本人の〝思い込み〟だっていうことです。だから彼は徹底してこの当事者の主観を排除して、**社会的事実**を示そうというのです。

医学にたとえれば、この社会的事実は「顕微鏡」の発明と同じです。この発明によって病原菌が見つかり、「病は気から」という見方が覆されました。現代はまた「病は気から」を重視するようになっていますが、それはともかく、作者はこの社会的事実を示す必要性をつぎのように説きます。社会的事実は「断じて個人の意識には還元しえない独自のリアリティ」である。そこで「統計による相関」に向かうわけです。

はい、みなさん心配しないでください。前に言ったようにわたしも統計と聞くだけ

表14・1　ヨーロッパ諸国の自殺率
（人口100万当り年平均）

国	1866-70年	1871-75年	1874-78年
イタリア	30	35	38
フランス	135	150	160
デンマーク	277	258	255

（出典）デュルケーム『自殺論』31頁第3表より作成

デュルケーム　宮島喬訳
『自殺論』中公文庫　1985

で虫唾が走るので、統計手法自体はどうでもいいのです。

自殺は社会が決める!?

表14・1を見てください。これは1866〜78年のヨーロッパ3ヵ国の自殺率の推移を示しています。13年間ごとの3ヵ国の自殺率は若干の増減は見られるものの、ほぼ一定しています。しかもデンマークの自殺率はイタリアの9倍にものぼっていることからわかるように、自殺率は誰の目から見ても国によって大きな違いがあります。このように、自殺率がある社会集団において一定で、しかも集団によって著しく異なるのは、**自殺がたんに個人の心理的要因ではなく、まさしく社会的要因によって決定される**ことを示しています。

それでは、どのようにして自殺が社会的に決定されるのでしょうか？　まず宗教の違いがどのように自殺に影響しているのかを見てみましょう。キリスト教にはカトリックとプロテスタントという宗派があって、この2つの宗派の自殺率を比較して、もし大きな違いがあればどうでしょう？　宗教が自殺に影響を及ぼしていることがわかりますよね。

その結果が**表14・2**です。ドイツの自殺率は、キリスト教のどの宗派を信仰しているかに左右されるわけです。表を見ればわかるように、プロテスタントのほうがカトリックよりも自殺する確率が高いことがわかります。いったいなぜだと思いますか？

表14・2　ドイツ諸州の自殺率（人口100万当り年平均）

バイエルン カトリックが 90%以上の州	自殺率 1867–75年	プロイセン プロテスタント が90%以上の州	自殺率 1883–90年
高パラティナート	64	ザクセン	309.4
高バイエルン	114	シュレスヴィヒ	312.9
低バイエルン	49	ポメラニア	171.5

（出典）同173頁第26–27表より作成

作者はその理由を、2つの宗派の信仰の違いから説明しました。カトリックは教会に権威があり、信徒は教義を厳格に守っています。そのことによって宗教集団としての結束力が強い。ところがプロテスタントは個人主義的な宗派で、信仰とは何かを個人で考えるために信徒間の結びつきが弱く、ひとりの人間として孤立しやすいというのです。

なんだ宗教の話に入っていくのかと思ったみなさんには、**表14・3**を見てもらえばわかるように、「家族」についても同じことがいえるのです。

男性の未婚者、やもめ（配偶者と離死別）、既婚者の順に自殺率は低くなっており、家族に保護されない男性が孤立する傾向にあります。また、子どもの有無で自殺率を比べると、子どものいる既婚者の自殺率は大幅に低くなります。つまり、夫婦と子どもからなる家族が自殺を抑止（予防）する効果をもっていることが統計データから明らかになります。

ほかにも、自殺率と他殺率、つまり殺人は反比例する、というデータがあります（**表14・4**）。

自殺率と他殺率の反比例がもっとも顕著に表れるのが、戦争です。戦時の自殺率は平時に比べると低くなります。これは多くの人間が自分を傷つけることなく、人を殺すチャンスを与えられるためなのです。

表14・3　フランス男性の家族別自殺率
（人口100万当り年平均　1889–91年）

家族・子どもの有無	自殺率	家族・子どもの有無	自殺率
60歳の未婚者	1504	45歳の未婚者	975
子どものないやもめ	1258	子もちのやもめ	937
子どものない既婚者	644	子もちの既婚者	336

（出典）同232頁第38表より作成

身をささげる対象の喪失

以上の統計をまとめると、

女性＜男性、田舎＜都市、戦時＜平時、カトリック＜プロテスタント、家族密＜家族疎、既婚者＜未婚者で、それぞれ後者の自殺率が高くなります。

【問題14・4】 ここからどのような法則が見いだせるのか、考えてみてください。

【解答14・4】 話の抽象度を上げていきますが、「ある個人の属する社会集団の統合の程度と自殺率は反比例する」といえます。つまり、個人はひとりで生きるわけではなく、**所属集団との関係**が薄っぺらになると、それが**自殺を引き起こす誘因**になってしまうのです。

生きがいを失ったという意味にとらえればいいと思います。「集団に統合されないほど自殺率が高い」とは、逆にいえばつぎのようになります。「人は己れ自身を目標にしては生きられない」。つまりこういうことです。何かに身をささげるという献身の対象を喪失することが、自殺を生み出すのです。『イキガミ』のマンガでも、イキガミをもらった本人は自分の目標を達成するよりは、家族や友人に対して身をささげようとします。

誰かや何かに対して身をささげることがないと、どうなるでしょうか？　感情が枯

表14・4　イタリアの自殺と殺人の関係（人口100万当り年平均）

	自殺件数	殺人件数
第1群（自殺の少ない諸県）	4.1–30	271.9
第2群（自殺の多い諸県）	30–88	95.2

（出典）同444頁第71表より作成

渇してしまいます。目標もなく感情が燃えてこないので、あとは理性が冴えわたることになります。ではこの理性という鏡は、何を映し出すと思いますか？　他人ではなく、自分のみじめさとむなしさです。つまり意欲も張りもない状態です。生きる張り合いがないので、あとは自分の命をあやめるしか手立てはなくなります。つまり、残された道は自殺ということになります。

アノミーの自殺

もうひとつ、現代社会に特徴的な自殺のタイプを紹介しましょう。**アノミーの自殺**です。なんだそれは？　と思うでしょう。直訳すれば、「無規範」となりますが、「個人をとりまく**規制や拘束力がなくなる**」くらいの意味と考えてよいと思います。

『自殺論』の作者は、経済の動きと自殺率に関係がないかどうかを調べているうちに、ひとつ気づいたことがあったのです。それは株の大暴落や不況など、景気が悪い時に人生に絶望して自殺率が高くなる、これはなんとなく理解できます。しかし、ればかりでなく、景気が非常に良い時も自殺率が上がるという統計的事実を見つけたのです。ふつう景気が良くなって生活が豊かになれば、わたしたちは幸せになると思います。ところが現実はその逆で、不幸にもなっていくというのです。なぜでしょうか？

みなさんは何かむかつくことはあるでしょうか？　学校に対してだったり、親だっ

『イソップ寓話集』中務哲郎訳
岩波文庫　1999

たり、友人だったりするでしょう。これはまだむかつく対象があるだけよいのです。反発する相手がいるわけです。それがなくなったらわたしたちは満足がいくのか？答えはそうではないのです。現実は逆なのです。

人間の欲望はとどまるところがない、つまり無制限なのです。自由になるとその人は自由を謳歌するどころか、いつまでたっても満足感が得られず、最悪の場合には強い**焦燥感と失望感**を味わったあげく、自殺することもあるのです。なぜならまったく拘束するものがないとは、戦う相手もいない、むかつく相手や対象もないわけです。せいぜい怒っているうちが華です。欲望のコントロールがきかなくなり、気だけがあせってほんのわずかの失敗にも耐えられなくなってしまいます。

すっぱいブドウ

イソップの『すっぱいブドウ』という物語があります。簡単に説明しますと、あるキツネがおいしそうなブドウを見つけてとろうとするのですが、手（キツネだから足ですね）の届かないところにあります。ただし、まったく届かない距離ではなく、ほんの少し無理をしてジャンプすればとれそうにみえます。しかし、実際にはとれませんでした。

とうとうあきらめるのですが、立ち去る時にほんとうはおいしそうにみえるのに

「あんなすっぱいブドウはいらない」と捨て台詞をはきます。「何もかも足りない時よりも、たったひとつ足りない時のほうがもっとイライラする」という真理を、この物語は言い当てているのです。目標が月とすっぽんほど離れていればあきらめもつくけれど、手の届きそうなところにあると、わたしたちは際限なくそれを欲してしまいます。けれどもそれを獲得できないとき、焦燥感は最大になるというのです。

もう少し身近な例で示すと、バスでも電車でもいいのですが、発車時間に全然間に合わなかったらはじめからあきらめがつくのですが、まだ間に合うと思って駆け込んで、あと一歩のところでドアがしまった悔しさを、みなさんも味わったことがあるのではないでしょうか。イライラ感はすごく大きなものになります。

バブル経済のように好況の時にも人は自殺します。自分の欲しいものを手に入れたいという焦燥にとりつかれ、そこそこの満足感を得る幸せを見失ってしまった人間が浮かび上がってきます。

社会と個をつなぐ糸

社会と個人は紐帯《ちゅうたい》によって密接につながっています。つまり、意図せざる糸によって結びつけられています。自殺というもっとも個人的で主観的に思われる行為さえも、社会的圧力という誘因があることがわかりました。逆にいうと、社会の側から自殺をどのように抑止できるのか、考えることができます。ただし、ここでは方法論が問題となってきます。人間の不幸を示す自殺を予防するためには、この回のはじめにあげたような国家によって定められた死を前提にして生命の価値を再認識させる方法も、思考実験としては可能だということです。

いまいちど、あと24時間しか生きられないとしたら、何をするでしょうか……

第15回

震撼

日常がひっくり返る

阪神・淡路大震災を体感
ついに来た東日本大震災　大津波・原発・巨大地震
3・11慟哭の記録　16年目の解答
サバイバーズ・ギルト症候群
痛みを温存する記録筆記法

未曾有の災害

日常と非日常をひっくり返してみたらどうなるのかという「仮定」のもと、このテキストは進んできたわけですが、災害という事象はまさに、ふだんの何気ない日常がいかに大切なのかを、改めて思い知らせてくれます。

2011年3月11日に、**大津波・原発・巨大地震**という未曾有の震災が起こったわけですが、みなさんは今回の震災はどのように記憶されているでしょう？　おそらくこのテキストを手に取られた地域によって、その衝撃度は異なると思います。東北で地震に遭遇し、しかも間近で津波の被害に遭い、近親者を亡くした人であれば、昨日の事のように鮮明に記憶に刻みつけているでしょう。

わたし自身その16年前、一九九五年に起こった**阪神・淡路大震災**と、今回の**東日本**

大震災の両方を身近に体感しました。その経験からいえるのは、どちらも普通に暮らしていれば、いわゆる「想定外」の災害でした。阪神・淡路大震災が生じたときは、まさか近畿地方で地震が起こるとは想像だにしていませんでした。これはわたしだけの感想ではなく多くの人が思ったことでした。地震学者によって「後から」未確認の活断層のズレを報告されて、はじめて知ることになります。あまりの衝撃で、近畿でこれだけ大きな地震であるならば、きっと関東はたいへんなことになっていて、富士山が爆発してもおかしくないという直感が念頭にありました。

その時の地震と比較すれば、同じ地震でもこのように違うのかと今回思いました。阪神・淡路大震災は明け方の5時46分という時間帯もあり、急発進したレーシングカー上のビリヤード玉のように、斜め45度にふっとばされて叩き起こされました。そして次はゴムボールのように一気に引き戻される、とてつもない往復運動の揺れだったのです。とにかく一瞬の加速度（ガル）がすさまじかった。それでもその時は長く感じたはずですが、今回の震災のように4～5分もミキサーにかけられたように揺れ続けるものではなかったと記憶しています。

仙台の大学に赴任する時に、真っ先に心配したのが宮城県沖地震でした。前に住んでいた賃貸マンションを借りる際も、不動産屋さんで隣の人が「このマンションは地震大丈夫でしょうか」と担当者に確認していたほど、やはり宮城といえば地震という感覚は、誰しも共有していました。

1978年宮城県沖地震
記録フィルムより

予想通り来るには来ましたが、しかし、あまりにも規模が大きすぎました。6万9千人以上の人が亡くなった中国・四川大地震の断層のずれの長さは250キロメートルで、仙台から関東までを含む断層がずれたことになるのですが、私はマンションを契約する直前に、もしその規模の断層がずれたらこのマンションはどうなるのか、という想定外の質問を担当者にしました。担当者は30年前の宮城県沖地震を想定しており、四川のような地震は起こらないと考えているという回答でした。

しかし現実には、それをはるかに超える地震が起こったのです。今回の地震は直下型ではなかったのですが、四川大地震をはるかに超え、地震調査委員会によれば、破壊断層は南北に400キロ、東西に200キロ、4つの震源領域で3つの地震が連動して発生し、断層の滑りは最大で約20メートルにも達する巨大地震でした。

いまわたしたちが経験していることは、実は最大の震災ではないことがわかってきています。日本列島は世界にも稀にみる地震の巣ですので、**南海トラフ三連動型**ともなれば死者30万人超ともいわれる大災害が「想定」されています。実は何が起こるのかわかりません。東日本大震災では、精油所がすべてやられてしまい、ガソリンがなかなか手に入らなかったので、食料や物資の運搬が長期に渡って滞りました。そのうえ、**レベル7の原発事故**という人類が初めて経験する未曾有の原子力災害を含めると、何がわたしたちを襲うのかはほんとうのことはわからないというのが、正確な解答だと思われます。

2011年東日本大震災

3・11慟哭の記録　16年目の解答

東日本大震災の後、わたしはすぐに大学で震災の記録プロジェクトを立ち上げ、震災から1年後に「3・11慟哭《どうこく》の記録　71人が体感した大津波・原発・巨大地震」（新曜社）を出版しました。各種メディアの取材も受け、各方面で大きな反響を呼びました。まずはその経緯からお話したいと思います。みなさんの年代の時に感じた震災報道への疑問に対して、16年後に自ら解答することになりました。

阪神・淡路大震災のとき、わたしはちょうど大学受験を控えていましたが、地震の後、大きな疑問をもちました。それはメディアが横倒しになった高速道路や火災現場の上空にヘリを飛ばして映像を撮影し、そればかりを流して、その下で被災者がどう生き延びていたのかがまったく伝わってきませんでした。そして現場の人たちの語り（インタビュー）はありましたが、それを集めてこれが震災だと集約して表現したものは、わたしが知る限りありませんでした。当時は力不足で、それらを自分で表現することができませんでした。

今回も、上空から撮影した津波や原発爆発の映像が繰り返し流され、ちょうど春休みで被災地にはわたしの教え子たちが多く帰省していて連絡がとれず、たいへん心配しました。たぶん一人ひとりがものすごい経験をしているのだろうと直感的に想像しました。そして、阪神・淡路大震災の時の想いがふつふつと湧き起こり、映像でかき

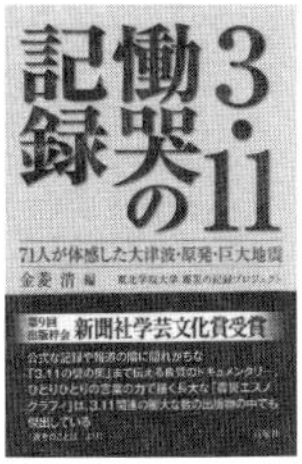

金菱清編 東北学院大学震災の記録プロジェクト
『3・11慟哭の記録　71人が体感した大津波・原発・巨大地震』新曜社　2012

消された小さな声や本人が描くディテールにこそ、震災のリアリティがあるというひらめきがありました。**震災エスノグラフィー**（民族的記録）を書こうと決意しました。

できあがった本を見ればわかりますが、写真などの画像は一切載せませんでした。言葉に寄り添うことによって当事者の目線に立ち、震災を感じることに主眼をおきました。それだけなく、全体として地域やトピックが網羅されるように工夫しています。大津波・原発・巨大地震という3つの主題のもとに、「震災川柳・震災日誌・仮土葬・遺体身元照合ボランティア・行方不明者捜索・火柱・津波・救命ボート・盗み・車からの脱出・民間ハローワーク・民俗芸能・障害者・介護・ヘリによる脱出・消防団活動・海の信用保証・協業養殖・遺体安置所・自殺未遂・うつ病・福島第一原発の瓦礫撤去・避難区域・失業・母子疎開・避難所運営・一時帰宅・家族同然の牛・スクリーニング・風評被害・脱ニート・液状化現象・山津波・長周期地震動・エコノミー症候群・新幹線閉じ込め……」などの多様なトピックを入れ込みました。

まず震災から一週間後の3月18日に、私の所属する東北学院大学のゼミ生に自分が経験した記録をとることを指示しました。そして学生たちとともに5月のゴールデンウィーク明けにプロジェクトを立ち上げ、東北最大の私立大学である学院ネットワークを生かして、その信頼関係をもとに一人ひとりにお願いして協力を求めました。

その結果、宮城・岩手・福島その他広範な地域で震災に遭遇した70人の方々に、自

由な枚数で自分が経験したことをそのままの事実として書いてもらいました。一人百字程度であればさまざまな震災体験集が出ていますが、この本では一人8千字を超える記録もあり、合計50万字に及ぶ文字だけの記録ができあがりました。

しかも、震災発生後2ヵ月から半年以内にほぼ書かれており、近親者を亡くされたり、家や仕事をすべて失った方々にとっては、たいへん酷なことだったと今から振り返って思います。なかにはカレンダーの裏に書いてくれた記録もありました。でもこれはやり抜かなければならないという使命感が、私にはありました。

サバイバーズ・ギルト症候群

本ができあがって、お礼めぐりのために、岩手・宮城・福島の各執筆者を訪れ、お話をうかがう機会を得ました。「これを出版してくれてよかった」と逆にわたしに対してお礼の言葉をいただきました。なかでも御遺族の方々には緊張した気持ちでお会いしましたが、御仏前に本を供えてくださったり、「本の中に生きているようで」とおっしゃったり、「宝です」と言って本を抱きしめてくださる方もいました。その時は不思議な気持ちでそのことを心に留めていたのですが、その後、共同通信社文化部記者の多比良さんの取材を受け、聞き書きと遺族本人が実際に書くことの違いについて聞かれました。

そこで改めて遺族の執筆者に聞き取りを行ってみると『3・11慟哭の記録』の本で

『3・11慟哭の記録』に震災経験を寄せた方々

採用した方法論が、意外にも遺族の人たちにとって心の回復に少なからず良い影響を与えていることが見えてきたのです。「記録筆記法」と呼んでいますが、被災者自らが大災害で経験した事象について、事実をもとに書き綴っていく手法で、方法としてはシンプルですが、中身を深めるやり方です。

こうした災害の場合、通常心理療法的な**カウンセリング**が心の傷を癒すといわれています。カウンセリングは、被災した患者が精神科やカウンセラーの先生のところに行き、災害当時やいま自分が思っていることを語ります。

では、語ることと書くことは、同じ言葉でもどのような違いがあるのでしょうか。語ることはフロイト以来心理療法やカウンセリングで特権的な位置を占めてきました。このため日本では、カウンセリングはなかなか敷居が高いと認知されてきました。

それに対して、言葉で書き綴ることは、とりわけ近親者が亡くなった意味について、「物語」をつくる効果を生みます。どういうことかというと、今回の津波の場合、自然災害という人知の及ばない現象であるにもかかわらず、かなり多くの遺族の人たちが、近親者が亡くなったのは自分の責任だという「**強迫自責**」あるいは「**サバイバーズ・ギルト症候群**」と呼ばれるものを抱えていることです。目の前で近親者の手を放したり、自分がプレゼントした皮ジャンパーを着ていたために、それが重たくて津波でおぼれたのではないかと悩んでいます。

津波の場合、第三者からみれば人間の関与できる余地はほんとうに小さいのですが、もしそこにいたら何かできたはずだという、罪にも似た感情を当時者のほとんどが背負っていることがわかってきました。

なぜ亡くなったのかというwhyの問いを、どのように亡くなったのかというhowの過程、プロセスにおき直すことで、時系列をたどれば近親者が亡くなったのは必ずしも自分のせいではないことがわかり、プロセス全体を描くことで一番強烈なシーンをナラしていくぶんかでも緩和する役目を、記録は担っています。また、書くことの利点として、文章を推敲し、プロセスをもういちど見直すことによって、災害をより客観的に見ることができます。このことが、震災の記録を書く作業を通して見えてきたのです。

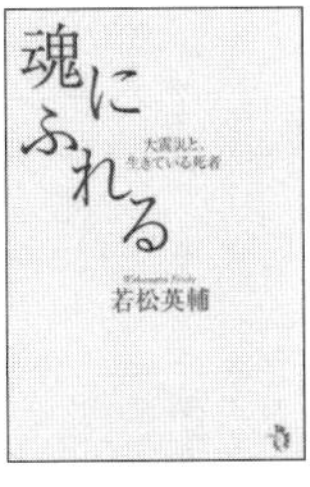

若松英輔『魂にふれる 大震災と，生きている死者』トランスビュー 2012

「痛み温存」としての記録筆記法

書くことや第三者に話すことで、健康増進やストレス低減ができるといわれています。後者の典型例がカウンセリングという心理療法です。ですが、多くの遺族がこのカウンセリングに行かないことがわかってきました。というより、むしろ積極的に避ける選択をしている例もありました。なぜでしょう。

遺族の典型的な反応は、「前に進めないのは、この痛みを（カウンセリングに行って）治してしまったら、その悲しみも苦しみも消えてしまうんじゃないかという気持ちがある。でも私がすっきりしたら、お父さんを忘れてしまうことになるじゃないですか。（この痛みを）消したいし逃れたい、そうならなきゃいけないってわかっているけれども、それが罪悪感になったりするので前に進めない」というものでした。

彼ら彼女ら遺族にとって心の痛みは、消し去るべきものでなく、むしろ抱き続けるべき大切な感情なのです。死者を置き去りにした解決策に、遺族は非常に〝抵抗〟を感じているのです。慟哭の記録は亡くなった肉親との同伴が実感された、いわば**「痛みを温存する」記録筆記法**だったのです。

楽になりたいが亡き人を消したくないという御遺族の板挟みの感情をうまく解消させることに一役買っているのが、この痛みを書き綴る手法なのです。「いつでもこの本（記録）を開けたら（おばあちゃんと）会える」「本の中だったら（息子が）生き続けることができる」という想いは、相反する課題――被災者が前に進むことと、震災の犠牲者を忘れないこと――を解決するために有効な手段のひとつです。書いて残す方法は、残された者が、家族が、亡き人をこんなに心配し愛していたことを刻みつけておくことができるのです。

書くことは単につらい作業ではなく、「幸福な時と場所」でもあったのです。それは亡くなった方と一緒に書き記すことができる協同作業として、被災者自身が意味づけている場合もあるのです。

おわりに

もしこのテキストに社会学の試験問題がついていれば、みなさんは試験の前に徹夜してでも覚えてくるでしょう。トマスの公理であれば「人がある状況を事実であると定義すれば、その状況は結果においても事実である」というふうに暗記してきます。講義中いびきをかいて眠っていた学生も、同じように覚えてくるはずです。

試験当日、周りの雰囲気や先生の真剣なまなざしから、学生自身もこのテストは本当であると信じて一生懸命解答用紙に暗記してきた事項を書き連ね、そのテストはきっと成立することでしょう。学生はその試験がよもやフェイク、嘘であり、トマスの公理に当てはまるとは思いもよりません。つまり、この公理を他人ごとのように覚えますが、まさか自分がその「主人公」になるとは気づきません。「試験が本物である」という、その現実をつくり出しているのはみなさん一人ひとりです。なぜこういうこ

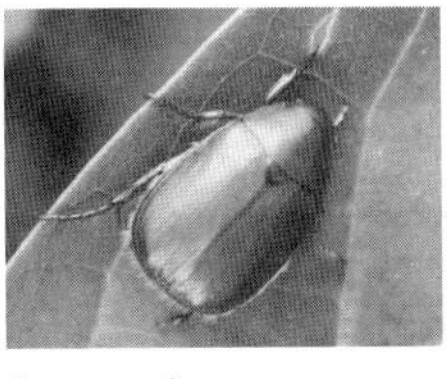
(s-hoshino)

とが起こるのでしょうか？

あることを「知っている」ことと、その中身について「わかっている」ことは同じではありません。多くの場合、「知る」とは、自分の存在を切り離して外からその現象を見ているのです。他方、「わかる」とは、自分もその現象のなかにいて皮膚感覚によって自らが体感することを意味します。第7回の演技の講義の時に学生と話したところ、みんなが演技していると想像すると「怖い」という感覚をもったそうです。人によってはこのことがわかって鳥肌が立つかもしれません。頭のてっぺんから足の先まで、体のなかを稲妻が走るかもしれません。なにげない日常を新たな視点で読み直すことで、身体感覚がよみがえってくるのです。本書の副題に〝my〟とつけたのも、一人ひとりが問い直すという意味が込められています。

自分のことを問うのであれば哲学ではないか。でも〝わたし〟という存在はすでに自分ひとりのものではなく、社会のなかに存在するものなのです。生まれた時に自分の名前は親によって決められます。しかも名前には生まれた土地、国の慣習、時代背景、流行が投影されています。私の名前が金菱コロンブスでは物笑いの種になるでしょう。死に方だって私個人では決められません。脳死というのがよい例です。このように考えていくと、「個人」と「社会」の接点にわたしという存在があり、この両者を貫く視点として社会学があるといえます。

考えることをこの書では重視してきましたが、考えるという行為は、「感が返る」

と読みかえれば、わかりやすいかもしれません。「はじめに」で欧米の偉い学者さんを出しませんと宣言したのも、このことと関係しています。偉い学者さんがこれこれと言ったと覚えても、それは「知っている」というレベルを超えるものではなく、わかったという感覚レベルとは程遠いものです。

みなさんの感覚にできるだけ接近するために、日常生活のデキゴトやニュースで見る世の中の意外性について話を進めてきました。

実はこのテキストは、私が社会学の非常勤講師だった時代におもに使っていた講義ノートをテキスト用に再構成したものです。私にとって幸運だったことは、初めての講義が普通の大学ではなく、高校卒の看護学生を対象としていたことです。欧米の学者をもち出してかっこよく概念を説明しても学生は見向きもしません。社会学は必修科目なのですが、看護学生にとっては蚊帳の外なのです。

なんとかして社会学が心理学よりも面白く、日常生活や看護の現場の現実をとらえ直すきっかけになることを知ってもらいたいと思い、社会学のなかから面白そうなトピックを選んで私なりに演出し、いま話題になっている事象を追加してプロデュースしました。「円」のクイズを冒頭においたのも、これから難しいことを覚えるのでなく、これまで得た知識に考え直す余地のあることを学生たちに体感してもらいたかったからです。したがって、このテキストは講義中の看護学生たちのリアクションから

逆に導かれ、鍛えられたといっても過言ではないと思います。

大学で社会学の講義をもつようになっても看護学生相手に培った方法と内容はほとんど変えていません。先達の先生方から私自身がさまざま学ばせていただいた社会学のエッセンスを、学生たちに伝えたいというもくろみですが、ひろく読者の方々に楽しんでいただき、ご教示をいただければ幸いです。

日頃用いている自分用のラフな講義ノートを新曜社の小田亜佐子さんに見せたところ、あれよという間に今回恥ずかしながら出版する運びとなりました。友人であるルイ（中井瑠依）ちゃんは、忙しいなか面白く楽しいイラストをたくさん描いてくれました。学生のシホ（赤井志帆）ちゃんとリョージ（齋藤良治）君にも校正を手伝ってもらいました。ここに篤くお礼を申し上げたいと思います。


初版から4年がたち、イラストが随所に入っているため読みやすいと聞きます。またインターネットには、授業を受講していなくても「軽妙な語り口と面白い洞察に引き込まれてしまい、順番を呼ばれても気が付かないくらいでしたw」という書き込みもありました。「体感する」目的が達成されたのかもしれません。

震災を契機に3回分を新たに追加し、生死に関わる項目を取り入れ、いつどこで襲われるかわからない災害リスクという現代的な課題を視野において再構成しました。日常と非日常の考察をいっそう深めるリニューアルとなっていれば幸せです。

仙台・残雪の青葉山の麓にて

金菱　清

参考書

第1回　脱常識

R・コリンズ　井上俊・磯部卓三訳　1992『脱常識の社会学――社会の読み方入門』岩波書店

第2回　性

浅野千恵　1996『女はなぜやせようとするのか――摂食障害とジェンダー』勁草書房

S・ヘス＝バイバー　宇田川拓雄訳　2005『誰が摂食障害をつくるのか――女性の身体イメージとからだビジネス』新曜社

小倉千加子　2001『セクシュアリティの心理学』有斐閣選書

小倉千加子　1995『セックス神話解体新書』ちくま文庫（初版 1988）

A・ル・グィン　小尾芙佐訳　1978『闇の左手』ハヤカワSF文庫

M・フーコー　渡辺守章訳　1986『性の歴史』Ⅰ・Ⅱ・Ⅲ　新潮社

佐野眞一　2003『東電ＯＬ殺人事件』新潮文庫（初版 2000）

千田有紀・中西祐子・青山薫　2013『ジェンダー論をつかむ＝The Essentials of Gender Studies』有斐閣

S・ボーヴォワール『第二の性』を原文で読み直す会訳　2001『決定版 第二の性』１・２上下　新潮文庫

第3回　悪夢

R・マートン　森東吾ほか訳　1961『社会理論と社会構造』みすず書房

山岸俊男 2000『社会的ジレンマ――「環境破壊」から「いじめ」まで』PHP新書

第4回 予言

藤原武弘・高橋超編 1994『チャートで知る社会心理学』福村出版
森下伸也 2006『逆説思考――自分の「頭」をどう疑うか』光文社新書

第5回 魔力

三崎亜記 2008「動物園」『バスジャック』集英社文庫（初版 2005）
大熊由紀子 1991『「寝たきり老人」のいる国いない国――真の豊かさへの挑戦』ぶどう社
大村英昭 2002『非行のリアリティ――「普通」の男子の生きづらさ』世界思想社
井上俊・大村英昭編 1993『社会学入門』改訂版 放送大学教育振興会

第6回 葛藤

G・ベイトソン 佐藤良明訳 2000『精神の生態学』改訂第2版 新思索社（初版 1986）
E・ゴッフマン 石黒毅訳『スティグマの社会学――烙印を押されたアイデンティティ』改訂版 せりか書房

第7回 演技

黒丸（原案 夏原武）2004～08『クロサギ』1～20 ヤングサンデーコミックス 小学館
佐藤マコト 2001～05『サトラレ』1～8 モーニングKC 講談社
S・ジジェク 鈴木晶訳 1995『斜めから見る――大衆文化を通してラカン理論へ』青土社

E・ゴッフマン 石黒毅訳 1974『行為と演技――日常生活における自己呈示』誠信書房
E・ゴッフマン 佐藤毅・折橋徹彦訳 1985『出会い――相互行為の社会学』誠信書房
モリエール 内藤濯訳 1952『人間ぎらい』新潮文庫

第8回 家

岩村暢子 2009『変わる家族 変わる食卓――真実に破壊されるマーケティング常識』中公文庫（初版 2003）
石川実編 1997『現代家族の社会学――脱制度化時代のファミリー・スタディーズ』有斐閣ブックス
上野千鶴子 1994『近代家族の成立と終焉』岩波書店
落合恵美子 2004『21世紀家族へ――家族の戦後体制の見かた・超えかた』第3版 有斐閣選書（初版 1994）
E・バダンテール 鈴木晶訳 1998『母性という神話』ちくま学芸文庫（初版 1991）

第9回 受苦

船橋晴俊・長谷川公一ほか 1985『新幹線公害――高速文明の社会問題』有斐閣選書
船橋晴俊・長谷川公一・飯島伸子 2012『核燃料サイクル施設の社会学――青森県六ヶ所村』有斐閣
鳥越皓之 2004『環境社会学――生活者の立場から考える』東京大学出版会
宮内泰介編 2007『コモンズをささえるしくみ――レジティマシーの環境社会学』新曜社

第10回 主体

堀川三郎 1996「環境社会学の勃興」有末賢ほか編『社会学入門』弘文堂：236-242

M・フーコー 田村俶訳 1977『監獄の誕生――監視と処罰』新潮社
鳥越皓之 2004『環境社会学――生活者の立場から考える』東京大学出版会
W・パウンドストーン 松浦俊輔ほか訳 1995『囚人のジレンマ――フォン・ノイマンとゲームの理論』青土社

第11回 倫理

荻野昌弘 2005『零度の社会――詐欺と贈与の社会学』世界思想社
鎌田慧 2000『怒りの臨界』岩波書店
成元哲 2001「モラル・プロテストとしての環境運動―ダイオキシン問題に係わるある農家の自己アイデンティティ」長谷川公一編『講座環境社会学第4巻 環境運動と政策のダイナミズム』有斐閣：121-146
金菱清編 東北学院大学震災の記録プロジェクト 2012『3・11慟哭の記録――71人が体感した大津波・原発・巨大地震』新曜社
金菱清 2008『生きられた法の社会学――伊丹空港「不法占拠」はなぜ補償されたのか』新曜社
井上俊 1992『悪夢の選択――文明の社会学』筑摩書房

第12回 法

井上ひさし 1985『吉里吉里人』上・中・下 新潮文庫（初版 1981）
田中克彦 1981『ことばと国家』岩波新書
保苅実 2004『ラディカル・オーラル・ヒストリー――オーストラリア先住民アボリジニの歴史実践』御茶の水書房

W・シェイクスピア 安西徹雄訳 2007『ヴェニスの商人』光文社古典新訳文庫
岩井克人 1992『ヴェニスの商人の資本論』ちくま学芸文庫（初版 1985）

第13回　生

片瀬一男 2003『ライフイベントの社会学』世界思想社
K・マルクス 城塚登・田中吉六訳 1964『経済学・哲学草稿』岩波文庫
M・ウェーバー 大塚久雄訳 1989『プロテスタンティズムの倫理と資本主義の精神』改訳版 岩波文庫（初版 1988）
D・リースマン 加藤秀俊訳 1964『孤独な群衆』みすず書房
R・K・マートン 森東吾ほか訳 1961『社会理論と社会構造』みすず書房

第14回　死

伊坂幸太郎 2008『死神の精度』文春文庫
蛭川立 2009『彼岸の時間――〈意識〉の人類学』春秋社
ソギャル・リンポチェ 大迫正弘・三浦順子訳 1995『チベットの生と死の書』講談社
ダライラマ 大谷幸三取材・構成 2008『ダライラマ「死の謎」を説く』角川ソフィア文庫
若松英輔 2012「先祖になる」『魂にふれる――大震災と、生きている死者』トランスビュー
柳田国男 2013『先祖の話』角川ソフィア文庫（初版 1945）
間瀬元朗 2005～09『イキガミ――魂揺さぶる究極極限ドラマ』1～7 ヤングサンデーコミックス 小学館
三島由紀夫 1983『葉隠入門』新潮文庫

E・デュルケーム 宮島喬訳 1985『自殺論』中公文庫
イソップ 中務哲郎訳 1999『イソップ寓話集』岩波文庫

第15回 震撼

金菱清編 東北学院大学震災の記録プロジェクト 2012『3・11慟哭の記録――71人が体感した大津波・原発・巨大地震』新曜社
――2013『千年災禍の海辺学――なぜそれでもひとは海で暮らすのか』生活書院
J・W・ペネベーカー 獅々見照・獅々見元太郎訳 2007『こころのライティング――書いていやす回復ワークブック』二瓶社
S・J・レポーレ J・M・スミス編 余語真夫ほか訳 2004『筆記療法――トラウマやストレスの筆記による心身健康の増進』北大路書房
若松英輔 2012『魂にふれる――大震災と、生きている死者』トランスビュー

ま行

や行

ら行

わ行

た行

な行

は行

事項索引

人名索引

著者紹介

金菱　清（かねびし・きよし）　愛称：かなぶん

1975年本人は記憶にないが，この世に生を享ける（前世が何者かは不明）。5歳の時，お風呂で「社会学」を悟る。すべての大学受験に失敗。1995年阪神淡路大震災直後の受験でまぐれ合格し，**関西学院大学社会学部**に入学。故大村英昭先生の社会学を受講し，社会学の面白さを知る。フィールドワークから理論を紡ぎだす鳥越皓之先生に出会い，**環境社会学**を学ぶ。1999年卒業，大学院へ進学。自転車で伊丹空港周辺をまわりフィールドデータを探し求める。2001年博士課程で髙坂健次先生に厳しくも温かく育ててもらう。2005年時流に乗って**社会学博士号**を取得し，**東北学院大学教養学部**にて教鞭をとりはじめる。2008年 著書『**生きられた法の社会学―伊丹空港「不法占拠」はなぜ補償されたのか**』（新曜社）で第8回**日本社会学会奨励賞**著書の部受賞。『**体感する社会学**』初版翌年の2011年3月11日，仙台で東日本大震災に遭遇し，学生とともに被災地を訪ね歩き，震災記録を集める。2012年編著『**3.11 慟哭の記録―71人が体感した大津波・原発・巨大地震**』（新曜社，第9回**出版梓会新聞社学芸文化賞**受賞）を出版。2013年「大手メディア・識者が選んだ108人」に選ばれる。2013年編著『**千年災禍の海辺学**』（生活書院），2014年著書『**震災メメントモリ**』（新曜社）『**反福祉論**』（大澤史伸と共著，ちくま新書），2016年編著『**呼び覚まされる霊性の震災学―3.11 生と死のはざまで**』（新曜社）著書『**震災学入門**』（ちくま新書），2017年編著『**悲愛―あの日のあなたへ手紙をつづる**』（新曜社），2018年編著『**私の夢まで、会いに来てくれた**』（朝日新聞出版，朝日文庫 2021年）『**3.11 霊性に抱かれて**』（新曜社）を出版。令和元年度**社会調査協会賞（優秀研究活動賞）**受賞。2020年著書『**災害社会学**』（放送大学教育振興会）編著『**震災と行方不明**』（新曜社）を出版。2020年4月より**関西学院大学社会学部教授**。2021年編著『**永訣―あの日のわたしへ手紙をつづる**』（新曜社），2022年『**逢える日まで― 3.11 遺族・行方不明者家族 10年の思い**』（河北新報社編集局と共著，新曜社），2023年編著『**災害の記憶を解きほぐす**』（新曜社）『**五感でとらえなおす　阪神・淡路大震災の記憶**』（関西学院大学出版会），2024年著書『**生ける死者の震災霊性論**』（新曜社）『**フィールドワークってなんだろう**』（ちくまプリマー新書）を出版。

E-mail : soms9005@yahoo.co.jp

新曜社

新体感する社会学
Oh! My Sociology

初版第1刷発行　2010年4月15日
新版第1刷発行　2014年4月25日
新版第10刷発行　2025年3月15日

著　者　金菱　清
発行者　堀江利香
発行所　株式会社　新曜社

101-0051　東京都千代田区神田神保町3-9
電話（03）3264-4973（代）・FAX（03）3239-2958
E-mail：info@shin-yo-sha.co.jp
URL：https://www.shin-yo-sha.co.jp

印　刷　長野印刷商工（株）
製　本　積信堂

ISBN978-4-7885-1388-4　C1036

生ける死者の震災霊性論 災害の不条理のただなかで
金菱 清 著
四六判並製208頁・2300円

震災メメントモリ 第二の津波に抗して
金菱 清 著
四六判上製272頁・2400円

生きられた法の社会学 伊丹空港「不法占拠」はなぜ補償されたのか
金菱 清 著 日本社会学会奨励賞受賞
四六判上製264頁・2500円

悲愛 あの日のあなたへ手紙をつづる
金菱 清 編 東北学院大学 震災の記録プロジェクト
四六判変型240頁・2000円

永訣 あの日のわたしへ手紙をつづる
金菱 清 編 東北学院大学 震災の記録プロジェクト
四六判並製224頁・2200円

3・11霊性に抱かれて 魂といのちの生かされ方
東北学院大学 震災の記録プロジェクト 金菱清（ゼミナール） 編
四六判並製192頁・1800円

震災と行方不明 曖昧な喪失と受容の物語
東北学院大学 震災の記録プロジェクト 金菱清（ゼミナール） 編
四六判並製240頁・2300円

逢える日まで 3・11遺族・行方不明者家族10年の思い
河北新報社編集局・金菱 清 著
四六判並製200頁・1800円

災害の記憶を解きほぐす 阪神・淡路大震災28年の問い
関西学院大学 震災の記録プロジェクト 金菱清（ゼミナール） 編
四六判並製192頁・2400円

価格は税抜